# EL ARTE DE EDUCAR

DANIEL PÉREZ

www.elartedeeducar.guiaburros.es

© EDITATUM
© DANIEL PÉREZ

Queda prohibida, salvo excepción prevista en la ley, cualquier forma de reproducción, distribución, comunicación pública y transformación de esta obra sin contar con la autorización de los titulares de propiedad intelectual. La infracción de los derechos mencionados puede ser constitutiva de delito contra la propiedad intelectual (art. 270 y siguientes del Código Penal). El Centro Español de Derechos Reprográficos (CEDRO) vela por el respeto de los citados derechos.

En la redacción del presente libro mencionamos logotipos, nombres comerciales y marcas de ciertas empresas u organizaciones, cuyos derechos pertenecen a sus respectivos dueños. Este uso se hace en virtud del Artículo 37 de la actual Ley 17/2001, de 7 de diciembre, de Marcas, sin que esta utilización suponga relación alguna del presente libro con las mencionadas marcas ni con sus legítimos propietarios. En ningún caso estas menciones deben ser consideradas como recomendación, distribución o patrocinio de los productos y/o servicios o, en general, contenidos titularidad de terceros.

Diseño de cubierta: © Adreams
Maquetación de interior: © EDITATUM

Primera edición: Octubre 2019

ISBN: 978-84-18121-01-2
Depósito legal: M-34733-2019

IMPRESO EN ESPAÑA/ PRINTED IN SPAIN

Si después de leer este libro, lo ha considerado como útil e interesante, le agradeceríamos que hiciera sobre él una **reseña honesta en Amazon** y nos enviara un e-mail a **opiniones@guiaburros.es** para poder, desde la editorial, enviarle **como regalo** otro libro de nuestra colección.

*A mis nietos Álvaro, Pablo y Guillermo porque se merecen crecer en una sociedad con educadores referentes de vida y poder vivir ejerciendo en la plenitud que les pertenece*

*A Miguel Escrivá, cuya colaboración ha hecho posible este libro*

# Sobre el Autor

 **Daniel Pérez** nació en Yeste (Albacete). Es psicólogo por la Universidad Complutense de Madrid, y jefe de servicio y director de programas en la Comunidad Autónoma de Murcia.

Es autor y profesor de cursos sobre Técnicas de Investigación en Desarrollo Personal, y ejerce como psicoterapeuta individual y de grupos. Es asesor personal de directivos de empresa y formador en máster de Psicología Clínica, así como ponente a nivel nacional e internacional en temas relacionados con el desarrollo humano.

Fue cofundador de la primera comunidad "No-violencia activa" en España junto a Lanza del Vasto, discípulo de Gandhi.

Fue fundador y director del centro de Psicología aplicada "Espacio Humano" de Murcia.

Es autor de *la vida se graba en el cuerpo* publicado en esta misma editorial.

# Índice

Capítulo I .................................................. 13
   Qué es educar .......................................... 13
      Conceptos básicos ................................. 13

Capítulo II ................................................. 21
   A quién se educa ...................................... 21
      El sujeto susceptible de educación ........... 21
      Proceso de crecimiento ........................... 36
      Educación en valores .............................. 39
      Modelos clásicos educativos .................... 47
      Desarrollo evolutivo ................................ 51

Capítulo III ................................................ 65
   Quién educa ........................................... 65
      Agentes educativos ................................ 65

Capítulo IV ................................................ 83
   Las relaciones ......................................... 83
      Direccionalidad en las relaciones: unidireccional y bidireccional ................. 83
      Tipos de relación .................................... 87
      Niveles de desarrollo personal ................. 94
      Grupos de relación ................................. 98
      El proceso de comunicación ................... 102

    **Configuración afectiva** .................................... 112
    **Los miedos** ...................................................... 124

**Capítulo V** ............................................................ 133

    **En qué contexto se educa** ............................... 133

    **Comunidad educativa** ..................................... 133

    **¿Qué dicen los padres?** .................................... 139

# Capítulo I
# Qué es educar

## Conceptos básicos

Hemos de partir del hecho de que educar se refiere a sujetos que no son responsables de sus actos, es decir, a menores y/o a personas con alto grado de discapacidad, pues a los adultos no se les educa, se les instruye o informa para que cada uno se haga responsable de sus propias acciones.

Entendemos por educar la realización de una serie de intervenciones en el educando que le faciliten el máximo desarrollo de sus capacidades a fin de que, emergiendo su potencial, le prepare para la vida en sociedad, aportándole a su vez cuanto necesite para vivir hasta que pueda adquirirlo por sus propios medios.

Es un proceso de colaboración con el educando para lograr su madurez personal a través de múltiples estímulos y en situaciones diversas, mediante los cuales adquirir los conocimientos, hábitos y destrezas que le faciliten el dominio sobre sus propios actos. Un proceso que permite al hijo y/o alumno ejecutar su proyecto personal de vida y fortalecer su voluntad, de modo que sea capaz de llevarlo a término.

Inconcebiblemente hemos vivido tantas formas inadecuadas de educar que parece que lo que nos corresponde a los educadores es defendernos de lo no adecuado, distanciarnos de lo que no es correcto. Nos hemos hecho especialistas en detectar en qué consiste el mal trato para evitarlo. Parece, por tanto, que el buen educador ha de ser un experto en lo que no debe hacerse, cuando su principal tarea ha de consistir en hacer cumplir y facilitar lo que sí debe hacerse.

Educar tiene que ver con tratar bien, con motivar e incentivar, con despertar en lo físico, lo afectivo, lo intelectual y lo espiritual; en definitiva, con **impulsar a vivir.**

### Acogida y orientación

Para el adecuado desarrollo de todo ser humano se han de tener en cuenta los niveles de su estructura de personalidad: físico, intelectual, afectivo y espiritual; niveles que, para cubrir sus necesidades, han de contar con los siguientes ingredientes: acogida y orientación.

La **Acogida, entendida como una aceptación incondicional sin juicio,** es un ingrediente primario, tiene que ver con el maternaje, con aquellos cuidados básicos que, fundamentalmente, debe recibir el bebé a través de una figura maternal. En definitiva se relaciona con el cuidado y la atención del nivel físico y afectivo. La acogida significa: buena alimentación, descanso suficiente, entorno agradable, temperatura adecuada, contacto y caricias, arropamiento y mimos... y todo aquello que hace que los niveles físico/sensitivo y afectivo sean satisfactorios.

Al igual que el bebé bien acogido se desarrolla en salud, un adulto con las características de acogida cubiertas desarrolla un nivel físico-sensitivo y emocional que posibilita un bienestar personal.

La **Orientación, entendida como la focalización a objetivos de desarrollo**, es otro ingrediente básico del ser humano que se asocia a las características del paternaje. Un buen paternaje orienta, guía, valora y sabe encauzar. Son conceptos, en definitiva, que definen principios de autoridad.

La Orientación se dirige al nivel intelectual. Aquellos que poseen una buena orientación tienen ideas claras, capacidad para estructurar y conceptos precisos acerca de la propia valoración y de la forma adecuada de relacionarse con el medio.

Todo individuo necesita referentes de autoridad que lo valoren para poder sentirse valorado, que lo estructuren para aprender a estructurar, que le permitan introyectar la autoridad para que la propia fuerza se convierta en seguridad y de ahí la fuerza de voluntad.

Una orientación no adecuada provoca que las personas se estructuren de acuerdo a su subjetividad y no en función de la verdad (de lo que es evidente).

Por tanto, una acogida adecuada, es decir, un nivel sensitivo y afectivo cubiertos y una buena orientación, o lo que es lo mismo un nivel intelectual adecuadamente nutrido, son garantía de relaciones humanas saludables.

## La percepción: evidencia (verdad) y opinión (realidad)

Educar consiste asimismo en facilitar a los educandos que vean y perciban la vida en los objetos, los acontecimientos, las relaciones, etc. como evidentemente son, mas allá del velo de la percepción subjetiva.

La percepción es un acto por el que los sentidos captan lo que nos rodea y se graba en nuestro cerebro. Esta captación puede ser una captación verdadera, es decir, captamos lo que evidentemente es, o puede ser una captación condicionada, lo que hace que percibamos en función de nuestra subjetividad o realidad personal.

Los seres humanos percibimos la vida de una forma subjetiva y a partir de esta visión personal emitimos nuestros juicios y opiniones comparando lo vivido en cada momento con nuestra experiencia anterior.

De la visión subjetiva de lo que nos rodea puede surgir la dificultad para comprender la forma de percibir de otros, lo que puede propiciar la falta de entendimiento. Las distintas interpretaciones que hacemos nos llevarán a reflexionar sobre el propio punto de vista y el de los demás.

Esto ocurre porque necesitamos la seguridad de que lo que vemos es tal y como es y responde a la evidencia, de que estamos en lo cierto, pues las formas de percibir son múltiples. Por tanto, la forma diferente que tenemos de percibir un objeto o situación, con sus características peculiares, es lo que entendemos como **realidad**.

Es posible que exista algo que supere nuestra forma de percibir como diferente y que nos convenza de que es siempre lo mismo para todos; esto sería lo que entendemos por **verdad** y, para acceder a ella, hemos de observar sin juicio.

Para acercarnos a la verdad, habrá que atenerse a los principios de: universalidad, evidencia, demostrabilidad y atemporalidad.

- **Universalidad**: cuando cualquier situación, actuación u objeto se considera de la misma manera en cualquier lugar y por cualquier cultura.
- **Evidencia y demostrabilidad**: cuando se contemplan siempre como razonablemente lógicas.
- **Atemporalidad**: cuando permanece invariable a pesar de las influencias del paso del tiempo.

Por ejemplo, si decimos que un ser humano necesita alimentarse, estamos ante un concepto de verdad universal, pues es evidentemente válido para cualquier cultura y en cualquier época, pero la mayor o menor cantidad o el tipo de alimentos es opinable, depende de la cultura, características del individuo, etc., pertenecería a la realidad de cada grupo, dando lugar a opiniones diferentes. No todas las situaciones encierran una verdad universal. Las modas, los gustos, las aficiones… pertenecen a la propia singularidad de cada individuo o de cada grupo y lo conforman como diferente a los demás.

**En conclusión:**

- La verdad es la vida tal como es, no depende necesariamente de que sea percibida por una mayoría de personas ni siquiera por la posible unanimidad de un grupo.
- La realidad es la vida tal y como cada persona la percibe.
- Las cosas pueden no ser lo que en principio parecen.
- La actitud personal puede modificar la impresión de las cosas.
- Puede haber diferentes puntos de vista de una misma situación para diversas personas e incluso para la misma persona en distintos momentos, condicionada por experiencias vividas previamente.
- Cada persona tiene un ritmo diferente en el momento de percibir, de ahí que el concordar, en determinadas ocasiones, solo dependa de que cuando alguien se sitúa con certeza ante un hecho, sepa esperar a que los demás también lleguen a captar la esencia, **"la verdad"** de ese mismo hecho. Parece conveniente mostrarse tolerante con los demás y con nosotros mismos, a la espera de encontrarnos con la verdad de cada situación.
- Es necesario situarse en la **verdad** de las cosas, pues solo así se tendrá un enfoque correcto de las diversas situaciones.

De ahí lo interesante de saber que nuestra vida, aunque se parezca a otras e incluso unos momentos se parezcan a otros, nada es lo mismo que lo anterior, todo es nuevo, cada acción es de nueva creación, cada acontecimiento es irrepetible. Somos arquitectos y creadores de cada momento de nuestra vida, todo lo que nos queda por vivir está por hacer y somos sus artífices.

Si la educación se basa en obligar a ejecutar lo necesario, para distinguir lo necesario (verdad) deberemos saber discriminarlo de lo conveniente (más susceptible de opinión). Conveniente puede ser aquello que, según la realidad de cada uno, puede mejorar la calidad de vida; en cambio, necesario es aquello sin lo cual la persona no puede vivir adecuadamente o estar completa.

**Ejemplo**

Cuando observamos el siguiente dibujo nos da la impresión de que es un objeto en tres dimensiones. Sin embargo es evidente que es un dibujo que solamente tiene dos dimensiones: alto y ancho (doce líneas en un plano). La profundidad, en este caso, pertenece a una visión subjetiva que no corresponde a la verdad de lo observado.

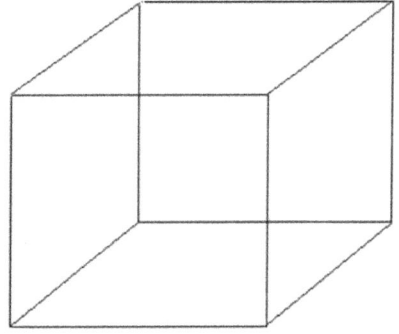

Lo deseable sería que nuestra percepción subjetiva pudiera también coincidir con la verdad o evidencia de lo percibido.

A modo de conclusión podríamos indicar que nuestra percepción y, por tanto, la realidad de nuestras observaciones, está condicionada por nuestras propias capacidades tanto a nivel físico como intelectual y afectivo, así como por las experiencias vividas hasta el momento y teniendo también en cuenta la instrucción recibida.

Podemos señalar que la **realidad** con que percibimos, responde a la siguiente fórmula:

**Capacidades + Experiencias + Instrucción = Realidad**

# Capítulo II
# A quién se educa

## El sujeto susceptible de educación

Si entendemos que educar es facilitar el máximo desarrollo de capacidades a los educandos, hay que tener en cuenta que el educando es un ser humano, por lo cual reúne una serie de características que lo configuran como tal: *ser* y *humano*.

### Configuración del ser humano

Como todo educando es un ser humano, ya sea menor o legalmente incapacitado, pasamos a describir lo que entendemos por *ser* y *humano*. Plantear qué es un ser humano a estas alturas de evolución social y cultural, suena casi a broma. Sin embargo, muchas veces nos preguntamos por qué somos tan diferentes unos de otros, como si todavía lo ignorásemos. Asimismo en otras ocasiones, afirmamos que todos los seres humanos somos iguales, sin reparar en lo que decimos, pues no siempre estamos convencidos de ello.

El *ser* nos vincula a una energía universal de la que participan todos los seres que configuran tal universo. El *ser* por tanto se encuentra en la vida mineral, en la vida vegetal, en la vida animal, en la vida humana y en la vida trascendente.

## Características de esencia del Ser Humano

Todos los seres humanos tenemos en común algo que estará en relación con lo que no cambie a través del tiempo, que siempre permanecerá inmutable. Se mantiene en todo tipo de personas sea cual sea su edad, su nivel cultural o su identificación sexual; atraviesa culturas y épocas sin inmutarse. Es el núcleo esencial de la persona, lo que Antonio Blay denomina el "yo central". Este Ser se manifiesta, en los seres humanos, a través de sus **características de esencia** (Libertad, Integridad, Solidaridad y Amor), características que denominaremos en un apartado posterior como **valores esenciales** y que nos igualan a todos los seres humanos, pues se trata de características universales. Como ejemplo podríamos decir que todos somos de una "misma especie".

## LIBERTAD

En primer lugar emerge la convicción de que somos libres por naturaleza. La *libertad*, por tanto, no puede ser algo que haya que ganarse con esfuerzo, ni que se adquiera por concesión de alguien.

La libertad es congénita, pertenece a nuestra esencia. Cualquiera puede afirmar con rotundidad y con justicia que es libre.

La libertad está relacionada con la ausencia de carencias.

Hemos crecido en un contexto donde se nos enseñaba que la libertad hay que ganársela y que debemos estar agradecidos a quien nos la ofrece, como si la libertad tuviera dueño y como si nosotros dependiéramos de un amo que nos la concediera en función de méritos adquiridos. Por tanto, la libertad es entendida como el derecho que tiene todo ser humano a ser el único responsable de sus actos.

La libertad nace con nosotros y tenemos el derecho de exigir que se nos permita ejercerla. Solo es patrimonio de nosotros mismos. Y si la libertad es, por tanto, una de las grandezas de ser humanos, podemos reivindicar vivir como tales. No sentir lo que corresponde por naturaleza, es dejar de ser quienes somos.

No es suficiente con sabernos libres, hay que experimentarlo asimismo en el corazón y en la piel. No nacimos para conseguir la libertad sino que exigimos vivir en la libertad con que nacimos.

La Libertad es el derecho de los pueblos a vivir sin sometimientos ni ordenamientos dictatoriales, de ahí que las Constituciones de muchos países comienzan, en su artículo I, promulgando que todo ser humano nace libre y tiene derecho a ejercer en la libertad que forma parte de sí mismo.

## INTEGRIDAD

Una segunda característica de esencia del ser humano es la *integridad*, palabra procedente de la raíz latina: entero; entendida como que cada persona es considerada como tal por el hecho mismo de haber nacido. Nacemos enteros; no carecemos de nada para ser personas, pues en la consideración de estar completos, no existe comparación con otros. Así como podemos hablar de un número entero, también podemos hablar de una persona entera, no dividida o seccionada.

Cada persona podrá tener más o menos capacidad en algún aspecto, pero aunque eso le lleve a realizar algunas tareas con menor potencia que otros o incluso a no poder ejecutar algunas, de ello no se desprende que sea menos persona que otro ser humano. Las capacidades que cada uno tiene son su medio de expresión, pero nunca para ser considerado como sujeto de diferente categoría.

Esta característica de esencia es la reivindicación de las personas con algún grado de discapacidad, pues se entiende por discapacidad una capacidad diferente, no una señal de categoría inferior en cuanto a persona. Un ser humano es persona completa desde que nace hasta que muere, por el mero hecho de ser persona al margen de su altura, su peso, su color, su raza, cultura, creencias u orientación sexual. Ningún ser humano necesita ningún aditamento, ninguna complementariedad que le haga suponer que es menos completo por tener diferente capacidad.

Tan persona es el que mide un metro setenta como el que mide un metro cincuenta y nueve. Igualmente es persona el que nació con ojos azules como el que los tiene pardos. Y el que alcanza un cociente intelectual de ciento treinta puntos no es más persona que el que alcanza ciento cinco.

Siempre somos lo máximo que podemos ser y estamos en el más alto grado de dignidad, pues nunca podemos dejar de ser los sujetos más perfectos de este planeta: seres humanos.

La integridad implica el respeto, la aceptación, la estima y la tolerancia de las potencialidades con que cada uno ha nacido; implica la humildad para aceptar las propias capacidades y las de los demás; implica, en definitiva, la inclusión y el fomento de la autonomía para el desarrollo de tales capacidades de forma completa.

## SOLIDARIDAD

La tercera característica de esencia en las personas es la *solidaridad*, entendida como el derecho que todos tenemos a vivir en una colectividad para posibilitar nuestro desarrollo y expresión y es el impulso irremediable a la participación con el entorno para el adecuado desarrollo de cada sujeto.

Hemos de entender que todo sujeto que nace ha de tener un ámbito de evolución. Nadie puede sobrevivir en un contexto de extrema soledad, somos sociables por naturaleza, necesitamos sentirnos aceptados, pues es imprescindible la sensación de pertenencia. Necesitamos ser tenidos en cuenta y saber que no somos excluidos del contexto social en el que vivimos, a pesar de la inadecuada atención que podamos experimentar en ocasiones. Necesitamos formar parte de nuestro entorno al igual que necesitamos el aire, el reconocimiento y la alimentación. Nacimos para ser recibidos por alguien; sería inconcebible considerar que un individuo hubiera sido invitado a una reunión y que nadie saliera a su encuentro. Un mínimo de sociabilidad es otro de los derechos a exigir por cualquier sujeto que llega a este mundo.

No podemos desarrollarnos en solitario; atenta contra nuestra naturaleza. En esta sociedad nadie sobra y, por tanto, deberíamos plantearnos cuál sería el lugar que a cada ser humano le corresponde y a qué distancia colocarse de quienes le rodean.

Las diferentes formas de pensar, sentir e incluso de actuar, no tienen por qué implicar rechazo o marginación sino que pueden ser entendidas como complementarias en una sociedad amplia y pluriforme.

La solidaridad implica fidelidad con el amigo, comprensión al maltratado, apoyo al perseguido y apuesta por causas impopulares o perdidas. Todo ello puede no constituir propiamente un deber de legalidad, pero sí un deber de solidaridad.

La solidaridad siempre implica los siguientes puntos:

- Se contrapone al individualismo.
- Se refleja en el servicio y busca el bien común.
- Emerge cuando las necesidades propias están cubiertas.
- Requiere discernimiento y empatía.

La solidaridad trasciende las fronteras políticas, religiosas, territoriales, culturales, etc. para instalarse en todo ser humano y hacer sentir en nuestro interior la conciencia de "familia" al resto de la humanidad.

Formamos una unidad global, multicolor y pluriforme; en definitiva, un todo único tan grande como el universo.

## AMOR

La cuarta característica que configura la esencia de toda persona, en cuanto ser humano, es el *amor*; amor que nos lleva a ser aceptados y aceptar de forma incondicional por el mero hecho de existir, sin necesidad de tener que hacer méritos para conseguirlo. En definitiva, amar a la vida y dejarse amar por ella.

Así como en las anteriores características de esencia, también en esta cuarta, el amor, se nos ha dicho que para conseguirlo había que ganárselo. Se nos ha transmitido que primero deberíamos portarnos bien y que, como consecuencia, seríamos queridos. Lo correcto es recibir el amor en primer lugar y como consecuencia, nuestros comportamientos serán adecuados.

El amor va más allá del cariño que se siente o del afecto que se despierte. El Ser Humano tiene la capacidad de acoger al prójimo generosamente, de aceptarlo gratuita e incondicionalmente. Es similar a la función de un manantial, cuya naturaleza consiste en emanar el agua al margen del destino o de su utilidad posterior. **El amor no elige a quien amar.** Se trata de una condición que debemos reconocer y potenciar.

**Estas cuatro características de la esencia de los seres humanos, Libertad, Integridad, Solidaridad y Amor, se hacen vida cuando somos atendidos de forma adecuada. Nacemos con ellas, nos configuran, y de ahí nuestra grandeza.**

La responsabilidad de todo educador consiste en posibilitar que estas características emerjan y que se experimente lo que en realidad es el ser humano: seres libres, completos, solidarios y dignos de ser amados y amar.

Solo así, en la vivencia de estos valores podemos sentirnos plenos y con el bienestar personal que nos corresponde.

## Niveles de estructura de personalidad

Cada ser humano requiere una peculiar estructura que hace que cada persona sea diferente, única y singular. Y para continuar con el ejemplo anterior diríamos que siendo todos de la "misma especie" y aún perteneciendo a "distintas razas" los rasgos de singularidad son irrepetibles en cada sujeto. Es lo que denominamos niveles de **estructura de la personalidad**.

Estos niveles son los canales por donde se reciben los ingredientes o nutrientes que facilitarán el desarrollo de lo que entendemos por *humano* y que dará lugar a que emerjan lo que denominamos valores de esencia.

La tarea educativa consiste por tanto, y entre otros aspectos, en posibilitar que los elementos físicos, intelectuales, afectivos y espirituales de cada educando encuentren una satisfacción óptima.

### Nivel físico

Por nivel físico nos referimos a todo lo que constituye lo fisiológico, sensitivo, corporal y una serie de elementos materiales. Es donde experimentamos sensaciones procedentes de nuestros sentidos y nuestros órganos.

Es el espacio donde se graban nuestras vivencias. Sirve, por tanto, para poder leer las carencias o abundancias recibidas a lo largo de nuestra vida. El cuerpo es nuestro mejor medio de recepción y comunicación con el entorno.

Haciendo referencia a la singularidad del sentir de cada sujeto resulta evidente que cada persona siente sensaciones que ningún otro puede experimentar. Nadie está dentro de otra persona para sentir lo mismo. Las sensaciones son, por tanto, no solamente diferentes en cada persona sino, incluso, diferentes para la misma persona en distintos momentos. Podemos decir "yo nunca siento lo que otro siente ni lo mismo que sentí anteriormente".

A esto podemos añadir que nuestro cuerpo es el medio con el que podemos crear los momentos de nuestra vida y, cuando lo unimos a otros niveles de estructura como la mente, el mundo emocional y espiritual, podemos decir que somos los artífices de nuestra existencia.

**Nivel intelectual**

Si las sensaciones son diferentes para cada persona, también son diferentes los pensamientos que, asimismo, son únicos, singulares e irrepetibles. Tenemos nuestros propios pensamientos y, por tanto, la condición de pensar diferente, no disponemos de la capacidad de pensar igual.

Por nivel intelectual nos referimos a todo lo que tiene que ver con instrucción, discernimiento, sabiduría, sentido común y fuerza de voluntad.

Hemos de tener en cuenta que en el nivel intelectual se incluyen diferentes aspectos o apartados, tales como: cociente intelectual, discernimiento, sabiduría, sentido común, etc. que han de ser los facilitadores de que el conocimiento sea el adecuado para que no interfiera en lo que denominamos canal o vehículo o transmisor de los ingredientes adecuados para que emerjan las características de esencia.

De ahí se desprende que el aprendizaje adecuado debe basarse en los principios de verdad. Los educandos se merecen que sus educadores les aporten siempre conceptos necesarios, verdaderos y dosificados a la capacidad de cada uno, lo que exige a su vez que los educadores utilicen su nivel intelectual en las mejores condiciones de coherencia y veracidad.

## Nivel afectivo

El nivel afectivo tiene que ver con todo el mundo que denominamos emocional, con toda una gama de sentimientos, afectos y emociones, donde incluimos alegrías, tristezas, enamoramientos, rabias, enojos, etc. que dan lugar a lo que popularmente se entiende como "la chispa que mueve a las personas". Hay quien dice que el mundo afectivo es la sal o el azúcar o el vinagre... de la vida y provoca la emoción de vivir.

El nivel afectivo nos diferencia del mundo de la robótica, pues somos algo más que un pensamiento que actúa.

Teniendo en cuenta este nivel en el mundo educativo hemos de diferenciar lo que es adecuado y necesario al margen de la complacencia o el gusto, pues lo necesario se impone aunque no agrade. Como hemos dicho anteriormente, los educadores han de tener resuelto lo más adecuadamente posible su mundo personal de vivencias emocionales y afectivas. Que sus sentimientos no interfieran la correcta intervención en la tarea educativa.

## Nivel espiritual

Hay expertos en física que han investigado en la célula humana, encontrando espacios que corresponden unos al mundo físico, otros al ámbito emocional, otros al del pensamiento y otros denominados como espacios que no son activados ni física ni intelectual ni afectivamente, sino que se activan a través de otra energía que han denominado "amorosa o espiritual".

Se denomina asimismo energía vibrante la que hace que las cosas sean lo que son y que, incluso, denominan lo más cercano a la idea de Dios como energía omnipresente.

Espiritualidad tiene que ver con emergencia de la dignidad personal y la unificación universal.

Este nivel no se ha trabajado de forma explícita en los procederes educativos.

**De lo que se viene exponiendo, se deduce que cada persona piensa a su manera y así mismo se emociona o tiene sensaciones que solo cada uno puede experimentar.** A esto se ha de añadir que cada persona tiene una capacidad diferente en cuanto a sus niveles físico, intelectual, afectivo y espiritual dando lugar a una determinada manera de vivir la intensidad de cada momento. Y es que en lo "humano" (niveles de estructura), somos diferentes y vivimos cada momento con diferente intensidad teniendo en cuenta nuestras diversas capacidades.

## Ingredientes de desarrollo

Los ingredientes que debe proporcionar el medio para que se desarrollen los niveles de estructura de personalidad (físico, afectivo, intelectual y espiritual) se agrupan en siete bloques, **teniendo en cuenta que la aportación de tales ingredientes ha de llegar a los menores a través de los procederes que pongan en marcha los tutores o adultos responsables de su educación.**

### Elementos materiales

Son necesarios para vivir y desarrollarse. Incluyen todas las necesidades a nivel físico-material que normalmente aporta la economía.

La economía necesaria va en función de las necesidades de cada educando.

Este bloque de ingredientes cubre una serie de necesidades: alimentación, salud, cobijo, escolarización, vestuario, juguetes, etc. En definitiva se trata de cubrir todo tipo de necesidad física, material o económica que demanden las características de cada educando.

### Prestigio / Valía / Autoestima

Entendemos como prestigio la valoración irremediable que necesita todo ser humano que, al sentirse reconocido, da lugar a considerarse válido.

Este tipo de reconocimiento ha de proceder de personas que, a su vez, sienten en sí mismas su valía personal y se reconocen en el sujeto al que muestran su aceptación, y provoca en el educando el sentimiento de autoestima.

El educando experimenta su valía no por los méritos que realiza sino por el reconocimiento que le aporta el educador.

Ejemplo: Solo un pintor es capaz de valorar la valía de un niño para la pintura, sin necesidad de que éste pinte grandes cuadros, valora la capacidad, no el resultado que aún no está presente.

**Utilidad / Rentabilidad**

Los menores además de sentirse válidos, hay que posibilitar que se sientan útiles, que sepan sacarle rentabilidad a sus acciones. Se trata, por tanto, de que el menor experimente el disfrute de la obra realizada.

Ejemplo: no es suficiente con que una semilla sea de calidad, se necesita que esa semilla germine en un terreno propicio y llegue a dar fruto. Con este ejemplo queremos señalar que el educador ha de posibilitar que el contexto sea adecuado para que los educandos perciban que sus actividades proporcionan un determinado resultado satisfactorio.

**Tiempo propio**

Es un tiempo de utilización personal. Al educando se le han de facilitar momentos de encuentro consigo mismo, de interiorización, de relativo silencio, de estar en él. De ahí que denominemos estos espacios como tiempo propio o personal.

La utilización de estos espacios o tiempos personales facilita la vivencia de la individualidad y de la singularidad y la consciencia de que cada sujeto es diferente y ha de sentirse satisfecho en su peculiar diferencia.

Este ingrediente posibilita en un alto grado la armonía y el equilibrio personal. Produce calma, distensión, aquieta la mente... en definitiva es un tiempo que permite la reconciliación y el encuentro consigo mismo.

## Información / Instrucción / Aprendizaje

En este bloque se tiene en cuenta todo tipo de información o instrucción que permita a los educandos activar sus capacidades, no solamente a nivel intelectual sino también a los otros niveles de su estructura de personalidad. Aquí es donde se ubican los programas educativos que adecuados a cada educando permitirán el despertar y la apertura a la vida. En el terreno escolar es donde fundamentalmente se incorporan el mayor número de nutrientes de esta índole, a través de materias que sirvan para activar el mundo intelectual, que despiertan al arte, al deporte, a la cultura y a todo lo que implica aprender a utilizar la vida.

## Relaciones

Todos los seres humanos nacemos con la capacidad de ser receptores a término (recibir incondicionalmente), de interactuar entre iguales y de entregar sin esperar a cambio.

Los educandos tienen el derecho de experimentar que recibir es condición irremediable para su desarrollo personal, que simplemente por el hecho de ser menores se merecen sentirse satisfechos porque los educadores docentes, los padres, los abuelos y los adultos que les rodean les aportan lo que necesitan.

Asimismo, los menores han de aprender que viven con otros niños, que participan en juegos, actividades varias, excursiones, clases, recreos, etc. Son compañeros que participan de la vida a la par.

Cuando los menores reciben de forma adecuada de los adultos y participan e intercambian con otros compañeros se les despertará su capacidad de poder ofrecer desde su abundancia sin esperar a cambio.

## Gratuidad / Incondicionalidad

Es el ingrediente más sutil y, asimismo, imprescindible y necesario para desarrollarse en plenitud.

Los menores han de recibir de forma gratuita e incondicional, lo que implica que sus educadores son personas abundantes y generosas que aportan y ofrecen aquello de lo que realmente son excedentes. Los menores necesitan educadores que sientan que la recompensa de sus acciones es como consecuencia de la acción en sí, sin esperar que el educando le recompense con un determinado tipo de respuestas.

La recepción de este ingrediente hace que el ser humano se sienta satisfecho. Cubre las necesidades de nivel afectivo en su más alto grado. Nos permite acceder a experimentar la grandeza que somos.

Es el ingrediente que facilita la percepción de la universalidad, de la pertenencia a un todo más allá de la razón. Y nos permite la comprobación de la dignidad personal que nos configura a todos los seres humanos.

**Los siete bloques de ingredientes imprescindibles para el desarrollo personal requieren de una serie de actividades o procederes que posibiliten el desarrollo**

y satisfacción de los niveles de estructura de personalidad, dando lugar a una adecuada nutrición. Se exponen en el apartado *Quién educa / Proyecto personal*.

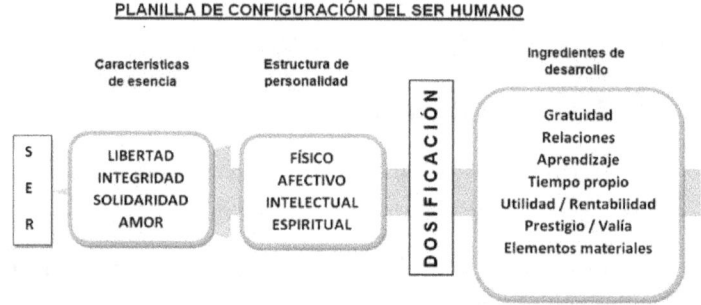

## Proceso de crecimiento

Una vez expuesta la configuración del ser humano, hemos de pasar a considerar cómo se desarrolla el proceso de crecimiento.

El crecimiento en el ser humano se produce como consecuencia de la incorporación de una serie de ingredientes a nivel físico, afectivo, intelectual y espiritual. Los tipos de ingredientes suelen estar presentes simultáneamente y frecuentemente interactúan. Sin embargo, hay una cierta secuencia en las necesidades a nivel físico, afectivo e intelectual que debe darse para obtener un crecimiento armónico.

En el niño lo primero que se incorpora es lo físico-sensitivo. Un bebé necesita en los primeros días alimento, higiene, ambiente tranquilo y ordenado y contacto físico.

La intervención de la madre lleva habitualmente implícito el afecto, pero hasta pasados los 2-3 meses, el niño no es capaz de reconocer las manifestaciones afectivas.

Posteriormente, el niño comienza a incorporar elementos a nivel intelectual, inicia su aprendizaje. De manera esquemática, podríamos decir que la secuencia de introducción de elementos nutrientes al hablar de crecimiento en el niño sería:

El crecimiento personal es un proceso que dura toda la vida. Permanentemente, el ser humano necesita incorporar nutrientes a los distintos niveles para crecer. En este aspecto no se diferencia del niño; sin embargo, la secuencia de introducción de los elementos es distinta en el adulto. Un ser humano adulto en su evolución utiliza la secuencia:

El adulto necesita conocer el estímulo que provoca las sensaciones que, dando lugar a un determinado pensamiento, le activa las emociones que le conducen a la acción. El proceso completo sería:

En cambio, en los menores, la comprensión de las sensaciones y el pensamiento a que dan lugar lo realizan los adultos, dado que ellos no pueden todavía alcanzar el desarrollo intelectual que le lleve a la correspondiente comprensión. Los menores actúan solamente desde la sensación a la reacción emocional. La comprensión intelectual la realiza el adulto que lo acompaña. En este caso, el proceso sería:

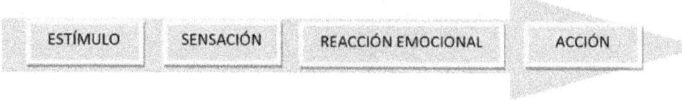

Ejemplo: si hay un estímulo externo, como puede ser una llamada al móvil, la persona que lo recibe tiene una impresión orgánica que le conduce a un pensamiento. Si es alguien con quien desea hablar, este pensamiento despierta una emoción positiva que a su vez conduce a una acción aproximativa: atiende la llamada. Pero si ante el mismo estímulo la persona tiene una impresión que le induce a pensar que hay un peligro en la llamada, ese pensamiento moviliza una emoción negativa, que a su vez desarrolla una conducta evitativa.

Para favorecer el desarrollo en el niño deben introducirse elementos sensitivos de acogida y elementos intelectuales de orientación, de esta forma los afectos y sentimientos se adecuarán de manera positiva.

## Educación en valores

Consideramos que **educar en valores es participar en un auténtico proceso de desarrollo y construcción personal.** Una participación que, en lenguaje educativo, consiste en crear condiciones pedagógicas y sociales para que dicha construcción se lleve a cabo de una forma óptima.

De este modo se posibilita el desarrollo de todas las capacidades de los educandos y tiene como objetivo preparar al individuo para la vida en sociedad acercándole aquellos ingredientes necesarios para vivir con dignidad, conocimientos, hábitos y destrezas que les faciliten el dominio sobre sus propios actos y su autonomía.

Educar en valores supone, de una parte, facilitar los medios para poder vivir conforme a aquellos valores que consideramos esenciales y a su vez, "pragmatizar" y articular los valores culturales en las relaciones sociales y en las instituciones, como se nos viene diciendo, hace ya muchos años, desde la filosofía moral, política y jurídica.

La educación en valores requiere, asimismo, instruir e informar a menores para que sepan asumir conscientemente los retos de la vida, y puedan comprometerse en la construcción de un mundo más justo, más inclusivo, equitativo e intercultural.

Así como hay valores que son componentes de nuestra propia naturaleza, hay otros que los consideramos formas valiosas de vida cuando reconocemos que merece la pena comprometerse con ellos. Se captan en su complejidad a través de la experiencia, desde la práctica. Por tanto, no podemos hablar de educación en valores si no hay, por un lado, propuesta, exposición y experiencia del valor, y por otro lado, opción libre y compromiso con el mismo.

## Qué se entiende por valores

Para Platón, *valor* "es lo que da la autenticidad a los objetos cognoscibles, la luz y la belleza a las cosas; es la fuente de todo ser".

Los valores pueden ser, por tanto, componentes esenciales de cada persona, cada cosa, objeto o situación; configuran su esencia, forman parte de su naturaleza. A nivel popular podríamos denominar como valor que algo: "es lo que es".

Pero como culturalmente se le ha asignado el término valor a un sinnúmero de situaciones, acontecimientos, características relacionales... hay que tener en cuenta que nos enfrentamos a la conceptualización de diferentes maneras de comprender lo que se entiende por valor.

De esta forma, encontramos cuatro *valores de esencia o primarios*, valores que en un apartado anterior denominamos como características de esencia: Libertad, Integridad, Solidaridad y Amor. Estas cuatro características o valores de esencia, como dice Platón, serían la verdad del ser humano, lo que le aporta luz y belleza.

## Valores esenciales

Si la configuración del ser humano la constituye los valores de esencia, el fin educativo consistirá en facilitar el máximo desarrollo de las capacidades para que emerjan dichos valores, se despierten en las personas, orienten el comportamiento humano y alcancen la excelencia y un alto nivel de bienestar.

Al *ser* no podemos verlo, pero sí percibirlo cuando emergen estos valores de esencia.

## Valores secundarios

Existen otras definiciones de "valor", atribuidas a aquellos pensamientos, actitudes, normas de conducta y de convivencia que nos facilitan la integración social y que posibilitan el emerger de los valores de esencia. A estos valores los denominaremos *valores secundarios* y, a su vez: valores universales y valores culturales.

- Valores universales, comunes a todos los seres humanos.
- Valores culturales, propios de determinados grupos de personas y adquiridos a lo largo del proceso de socialización.

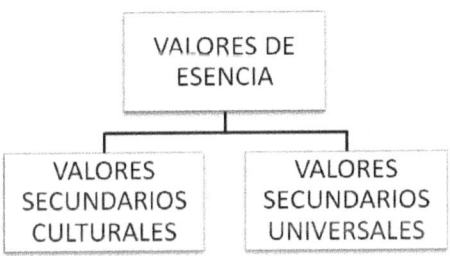

## Valores universales

Para poder hacer emerger los valores de esencia, es necesario desarrollar otra serie de valores que ya hemos denominado como secundarios-universales y que impulsan a cada uno de tales valores.

| | | |
|---|---|---|
| Valores universales relacionados con LIBERTAD | Justicia. Respeto. Responsabilidad. Fuerza de voluntad. Disciplina. Obediencia. Compromiso. | Flexibilidad. Autonomía. Objetividad. Coherencia. Asertividad. Seguridad. |
| Valores universales relacionados con INTEGRIDAD | Respeto. Aceptación. Tolerancia. Humildad (reconocimiento de la valía propia y de los demás). | Estima. Superación. Autonomía. Inclusión. |
| Valores universales relacionados con SOLIDARIDAD | Tolerancia. Lealtad. Amistad. Bondad. Responsabilidad. Empatía. Generosidad. | Comprensión. Gratitud. Igualdad. Equidad. Inclusión. Confianza. Cooperación. |
| Valores universales relacionados con AMOR | Incondicionalidad. Comprensión. Gratuidad. Generosidad. Aceptación universal. | Agradecimiento. Confianza. Entrega. Paz. |

## Valores culturales

Los valores culturales son aquellos que permiten a los miembros de determinados grupos sociales expresarse y relacionarse cuando la comunidad los acepta como tales y adopta como ejemplos de vida.

**Son valores culturales:**

- Tradiciones.
- Ritos.
- Idiomas.
- Artes.
- Modas.
- Alimentación.
- Regímenes políticos.
- Religiones.
- Protocolos.
- Modelos educativos.
- Ideologías.
- Planes de estudio.
- Estructuras demográficas.

## El ser humano y sus características

### Esquema-resumen

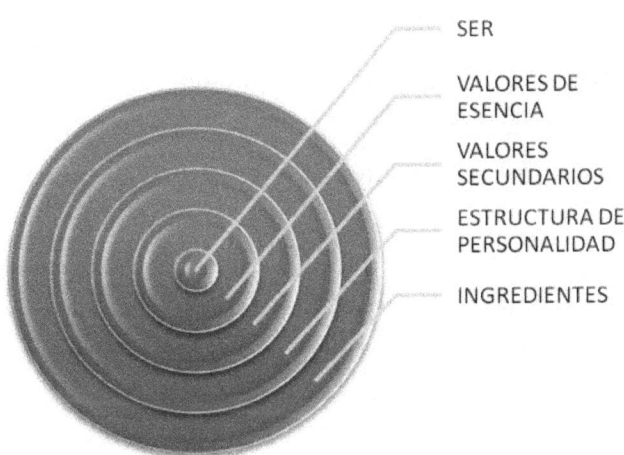

- SER
- VALORES DE ESENCIA
- VALORES SECUNDARIOS
- ESTRUCTURA DE PERSONALIDAD
- INGREDIENTES

## Principios educativos

Para que los valores secundarios puedan desarrollarse y provoquen en el educando la vivencia de sus valores esenciales (Libertad, Integridad, Solidaridad y Amor) es necesario que pongamos en marcha una serie de principios educativos que son aquellos planteamientos que se imponen a la hora de marcar los procederes de toda tarea educativa e impregnan la práctica.

### Planteamientos ideológicos

Hemos de tener en cuenta el posicionamiento filosófico-ideológico del que partimos para establecer los principios metodológicos convenientes en toda tarea educativa.

Para asentar los principios educativos se ha de partir, irremediablemente, de la actitud y aptitud de todo aquel que los imparta.

Los principios educativos marcan los diseños curriculares básicos de los programas educativos, así como su desarrollo legislativo.

1. Participación de toda la comunidad escolar en la acción educativa.
2. Toda acción educativa debe estar basada en el buen trato.
3. Someter la acción educativa a una constante revisión, atendiendo a la realidad del momento actual.
4. La acción educativa debe orientar al alumno a que construya su propio proyecto de vida.

5. El día a día de la educación requiere trabajo en equipo, espontaneidad, diversión, disfrute por las tareas y alegría.
6. Se ha de conseguir que los alumnos sientan curiosidad y emoción en las actividades del aula.
7. Toda tarea educativa conlleva salud, orden, creatividad y servicio.
8. Pluralismo y libertad de enseñanza.

## Buen trato

Educar tiene que ver con tratar bien, con enseñar a vivir, con motivar e incentivar, con despertar en lo físico, lo afectivo, lo intelectual y lo espiritual.

El buen trato conlleva tener en cuenta los siguientes aspectos:

1. **Prestar atención:**
Ocuparse de los educandos. Dedicarles tiempo, escucharlos. Es necesario que los niños se expresen, que comenten sus inquietudes, sus hallazgos, sus enojos y alegrías. Que experimenten que tienen a quién acercarse cuando necesiten protección. Teniendo a su vez en cuenta que la acogida sea equilibrada, pues una atención en exceso conlleva una sobreprotección y una escasa escucha da lugar a continuas llamadas de atención.

2. **Valorar y reconocer.**
Tener en cuenta el esfuerzo. Mostrarles interés a la presentación de las tareas realizadas.

La buena asimilación de la información procede de señalar lo bien realizado y no de hacer hincapié en lo que está mal hecho. La valoración da paso a la seguridad, el autoconcepto y la fuerza de voluntad.

3. **Comunicar de forma clara y precisa.**

Se trata de evitar confusiones o malos entendidos. Las indicaciones han de presentarse siempre sin dar lugar a interpretaciones y si es posible, utilizar las mismas palabras cuando haya que repetir los mismos conceptos. El lenguaje que ha de utilizarse ha de ir acorde a la edad y el nivel de desarrollo del que escucha.

4. **Facilitar el desarrollo fomentando lo mejor de uno mismo.**

Cada menor tiene su peculiar forma de evolucionar, comprender y asimilar la vida que le llega. Al educar, no cabe la comparación. Se trata de fomentar la singularidad, la importancia de la diferencia que enriquece. Sacar lo mejor de cada uno, sin incitar a ser el mejor en algo. Si cada uno tiene unas determinadas capacidades, se le ha de exigir en relación a las mismas. En definitiva, ser lo mejor en sí mismo.

5. **Asumir las consecuencias de las acciones.**

Es tarea de todo educador señalar las consecuencias de las acciones, pues aunque los menores no sean responsables de sus actos, sí que han de conocer que todo lo que hacen provoca consecuencias y que, a veces, tales consecuencias pueden ser no gratas. Es tarea por tanto de los educadores, señalar que todo aquello que hacemos tiene que ver inevitablemente con un determinado tipo de resultados.

6. **Acoger, querer. Mostrar afecto abiertamente.**
Los niños necesitan notar que se les aprecia. Comprobar que nunca estorban y no se les rechaza. Notar cercanía y acogida.

7. **Orientar y Encauzar.**
Marcar pautas y ayudar a organizar. Es imprescindible que los menores sepan dónde dirigirse para conseguir algo. Saber dónde han de ir y disponer los medios para llegar al destino. El encauzamiento previamente pactado, es necesario para la consecución de lo previsto y facilita la inserción de principios de autoridad. Es necesario, por tanto, exigir al educando en función de su capacidad, no mintiéndole ni creando expectativas.

8. **No quejarse. Resolver.**
Pedir lo que se necesita es más adecuado que quejarse de lo que no gusta o no se tiene. Se trata de resolver la dificultad y no quejarse de ella.

## Modelos clásicos educativos

A lo largo de la historia, se han venido implantando diferentes modelos educativos, considerados idóneos en función de las demandas sociales y de los modelos anteriormente impuestos.

Cada uno de dichos modelos, han señalado con mayor énfasis algunas de las características que conlleva el educar adecuadamente. Cada modelo presenta características positivas para el fin último de la educación, aunque para esto precisa ser aplicado por educadores competentes, capaces de implantarlo en función de las características de cada menor y de cada situación.

Los planteamientos educativos que más influencia han tenido en las diferentes etapas de nuestra sociedad, se pueden resumir en los siguientes modelos.

1. **Teocrático o impositivo.**

Se fundamenta en obligar al menor a ejecutar lo "necesario", entendiendo por necesario aquello que se basa en principios de verdad: universal y demostrable. Esta ejecución permitirá los resultados deseados, beneficiosos para el menor, por lo que reforzará esa conducta, creando seguridad en sus actos.

Sin embargo, si se impone un criterio no correcto, provocará en el educando respuestas de rebeldía y dejación, dando asimismo lugar a inseguridades, desconfianza y miedo.

2. **Dejar hacer (*laissez faire*).**

Este modelo trata de facilitar el desarrollo personalizado de cada individuo, al dejarle hacer, dentro de un plan preestablecido, lo que él considere oportuno, permitiendo que la espontaneidad facilite la creatividad del educado. Se conseguirá que disfruten con los objetos elementales, y sean originales al combinarlos.

Si no es correctamente ejecutado este modelo, la espontaneidad de los menores sin control puede dar lugar, posteriormente, a adultos que se comporten de forma indisciplinada y sin reglas de referencia; se comportarán de forma autodidacta y podrán tener dificultades en asumir principios de autoridad.

3. **Burocrático.**

Modelo basado en la información e instrucción al menor, aportándole los conocimientos necesarios en cada situación para facilitarle la elección. Bien aplicado, es un modelo que facilita la adecuada información, dando lugar a sujetos bien instruidos y conocedores del porqué de lo que se les sugiere. Los educadores han de esforzarse en argumentar correctamente lo que exponen de forma concreta y concisa, procurando no excederse en innecesarios comentarios o justificaciones.

Mal aplicado este modelo, con explicaciones inadecuadas, excesivamente extensas o incorrectas, dará lugar a adultos que oyen pero no escuchan y posteriormente harán lo que se les ocurra, sin entender la necesidad de asesorarse.

**4. Parental.**

Es un modelo que trata de proteger y acompañar, tarea eminentemente necesaria para que los menores sepan en qué dirección encaminarse y en qué condiciones hay que hacerlo. Hay que tener en cuenta que acompañar no es hacer las cosas por el otro, pues se trata de que cada educando vaya haciendo lo que sea capaz y le corresponda, bajo la vigilancia y la atención del educador pertinente.

Cuando no se ejerce adecuadamente este modelo, dará lugar a sujetos sobreprotegidos, con características de debilidad e indecisión, permaneciendo en una constante situación de infantilismo.

**5. Democrático.**

Este modelo permite escuchar a los menores y darles la posibilidad de que expongan sus criterios y deseos. Les hace sentirse valorados y tenidos en cuenta, consolida su estima, fomentando los valores de la solidaridad.

Este modelo se aplicará incorrectamente cuando a los menores se les permita que tengan la voz y el voto a la par que los adultos, llevándoles a confusión, pues en tales situaciones su voto pesaría lo mismo que el del adulto responsable de ese menor, anulando el principio de autoridad que todo tutor ha de tener sobre el educando a su cargo. Sin este principio de autoridad el menor puede confundir lo necesario con lo opinable.

6. **Integrador.**

En la actualidad, adoptando la parte positiva de los anteriores modelos, se propone este modelo integrador, permitiendo que surjan en los menores sus aspectos positivos, tales como: Firmeza, Creatividad, Información, Acompañamiento y Solidaridad.

Con este modelo se obtendrán las siguientes consecuencias positivas:

- Encauza. Fomenta la disciplina y se crea hábito.
- Deja crecer, acompaña el proceso evolutivo y fomenta la creatividad.
- Transmite valores y normas sociales.
- Protege del peligro y facilita el camino hacia la autonomía.
- Se hacen acuerdos con lo opinable pero se obliga lo necesario.

Es responsabilidad de cada educador estar preparado para poder impartir este modelo integral de educación, así como es su deber implantarlo, apoyándolo desde su propia vivencia.

## Desarrollo evolutivo

El desarrollo humano es el resultado de la relación estrecha que se establece entre los aspectos biológicos de la persona y la estimulación física y social que recibe a lo largo de la vida. Este desarrollo es un proceso constante en el que los aprendizajes conseguidos en un periodo condicionan, generalmente, los aprendizajes a adquirir en los periodos siguientes. Cuando hablamos de características de un área determinada en una edad concreta, hacemos referencia a lo que suele ocurrir de forma más frecuente en esta edad.

Lo que resulta imprescindible en el desarrollo de los menores, además de los estímulos físicos que les rodean, son las actividades en las que el adulto se implica con ellos, y que tienen como base la propia relación entre ambos. Las personas que los acompañan en su casa y en el centro docente son para ellos su estímulo preferido, desde el punto de vista emocional, ya que están asociadas con frecuencia a la satisfacción de sus necesidades y, además, porque quienes les cuidan y les educan son el punto de unión (mediadores) entre el mundo externo, social, y ellos mismos. Gracias a esta mediación surge la capacidad de comunicación a través del lenguaje en la primera etapa.

En el segundo y tercer año, el lenguaje se desarrolla espectacularmente. El vocabulario se amplia y se van dominando las reglas de la gramática y la sintaxis. Debido a estos procesos, el lenguaje es cada vez más útil y sirve de vehículo para la comunicación interpersonal. Cada adquisición tiene un periodo clave, en el que las posibilidades de desarrollar ese aprendizaje son las óptimas. En todo este proceso, los adultos juegan un papel muy importante en la estimulación en los menores.

Relacionarse con otros niños supone también una fuente de experiencias de intercambio y comunicación. Los menores, en la relación con otros niños, aprenden las primeras reglas de convivencia, cooperación e intercambio.

## Los pilares del desarrollo

Para un desarrollo adecuado es necesario recibir unos ingredientes básicos, que se pueden resumir esencialmente en dos: protección (acogida) y firmeza (orientación).

La protección supone todo aquello que se equipara con la energía femenina (Yin) y tiende a cubrir necesidades físico-sensitivas.

La firmeza representa la energía masculina (Yang) y favorece la consecución de objetivos.

Todos los seres humanos (hombre/mujer) se configuran en una unidad integrada de energías femeninas y masculinas (Yin/Yang) que determinan su peculiar estructura de personalidad.

⬇ **INFORMACIÓN ADICIONAL**

Por la compra de este libro, descárgate de forma gratuita: *Magnet Actuaciones educativas de éxito*, donde podrás aprender más sobre esta materia y sobre plannings de actividades extraescolares.

http://elartedeeducar.guiaburros.com/contenidoadicional

| Rasgos de la Energía Femenina (Yin) | | Rasgos de la Energía Masculina (Yang) | |
| --- | --- | --- | --- |
| Evitar el mal | Higiene | Riesgo | Disciplina |
| Lenguaje afectivo | Arraigo | Persistencia | Respeto |
| Sensibilidad | Acaparamiento | Iniciativa | Responsabilidad |
| Protección | Atención múltiple | Triunfo | Marcar pautas |
| Paciencia | Previsión | Reconocimiento | Don de mando |
| Acogida | Contemplación | Firmeza | Saber apoyar |
| Hogar | Piel | Orientación | Seguridad |
| Resistencia | Alimentación/Nutrición | Fuerza | Objetividad |
| Astucia | Obediencia | Direccionalidad | Respeto a la norma |
| Intermediación | Economía | Discernimiento | Honradez |
| Administración | Tolerancia | Búsqueda | Buscar el primer puesto |
| Sentimientos | Entrega gratuita | Conquista | Sacar lo mejor de sí |
| Ahorro | No exigencia | Escarceo | Competitividad |
| Organización | Capacidad de acogida | Movimiento | Coherencia |
| Comunicación | Amabilidad | Ataque | Confrontación |
| Practicidad | Constancia | Claridad mental | Atrevimiento |
| Asentamiento | Disponibilidad | Abundancia | Mente calculadora |
| Apaciguamiento | Flexibilidad | Elección | |
| Defensa | Perdón | Sinceridad | |
| Calor | Compromiso | Objetivos | |
| Cuidados sensitivos | Accesibilidad | Éxito | |
| Curación | Arropamiento | Inteligencia | |
| Destreza manual | Abrazo | | |
| Cobijo | | | |

Durante los primeros 7 años de vida se asientan estos dos pilares fundamentales, y de los 7 a los 18, aproximadamente, se produce la reivindicación de la personalidad, que será más o menos sana dependiendo de en qué medida se ha recibido protección pertinente y también dependerá de si los educadores han resultado adecuados y atractivos para el menor.

Los modelos educativos atractivos que se hayan instaurado con bases sólidas, darán lugar a un proceso madurativo correcto. Si las bases de protección y firmeza son sólidas pero los educadores no son atractivos, la maduración será más lenta. Y cuando las bases son insuficientes y los educadores no son atractivos puede aparecer una personalidad problemática.

Así pues, un educador será atractivo cuando actúe con coherencia personal y asertividad e induzca al menor en relación a sus propias acciones; los niños suelen comer como sus padres comen, asimismo suelen cuidarse como los padres se cuidan... Se puede desprender, por tanto, que los educadores trasmiten su autoestima y su propio valor de dignidad resultando así adecuados referentes educativos.

En los primeros años, los menores no tienen opinión fundada y toman lo que se les ofrece; cuando comienzan a manifestar sus opiniones y a distinguir lo que se considera evidente, los educadores, en función de su propio proceso evolutivo, transmitirán contenidos y comportamientos que influirán positiva o negativamente en el desarrollo de los menores.

## Etapas del desarrollo

En relación a lo que se consideran como etapas del desarrollo, que generalmente se han entendido como: etapa de primera infancia (0-6 años), etapa de segunda infancia y pubertad (6-12 años), etapa de pre-adolescencia (12-14 años) y etapa de adolescencia (14 -18 años), consideramos que, en el momento actual, los padres y educadores han de seguir las orientaciones de los expertos más cercanos a sus planteamientos de vida.

No obstante, y a modo de sugerencias, nos atrevemos a indicar algunas reflexiones sobre las diferentes etapas:

- 0 – 6 años: Etapa de dependencia, de instalación de la acogida y la orientación. Se configura la estructura de personalidad del niño. Es una etapa de un desarrollo básico en relación a los siguientes niveles: motórico, lenguaje, relacional, cognitivo, de autonomía y social.

En los primeros 6 meses de vida se establece un contacto masivo con el entorno y una dependencia afectiva y nutricia materna muy intensa. Prima por tanto la protección.

De los 6 a los 20 meses empieza a diferenciarse el yo del no-yo, por lo que importa la presencia masculina.

En torno a los 3 años el niño suele acceder desde una atención más asistencial a una estructura más reglada. Los sentimientos respecto a la familia los traspasa a otro tipo de organización como puede ser la escuela; debe aprender a compartir la atención que el profesor le presta con el resto de los compañeros y a solucionar él solo sus primeras dificultades. Como consecuencia de estas experiencias, junto con todo el bagaje correspondiente adquirido en la familia, los niños van construyendo su identidad. El grado de confianza que vaya adquiriendo en sí mismo depende de si el adulto ha sabido transmitir al niño los sentimientos de confianza y seguridad en él mismo.

Los adultos que no recibieron los nutrientes necesarios en esta etapa, es posible que presenten problemas en la piel, e incluso puedan tener tendencia a adicciones y/o trastornos de la alimentación.

- 6 – 12 años: Etapa de acompañamiento, corresponde a la segunda infancia y a la pubertad, denominada en ocasiones como "edad dulce". Supone una búsqueda de pertenencia, un proceso de identidad, un distanciamiento del mundo adulto. Son edades de apertura mental y de incorporación de pautas para un intenso aprendizaje. Etapa de constantes preguntas que, en los modelos educativos, obliga a respuestas evidentes y certeras.

- 12 - 14 años: Etapa de deseo de participación en el mundo adulto. Es una etapa de reivindicación del yo, de afianzar la pertenencia, de encontrar su propio lugar, su espacio. Cuando los valores no están bien introyectados aparece dispersión, conflictos con la autoridad.

- 14 - 18 años: El adolescente actúa como un adulto; ya tiene formadas sus creencias y comienza la búsqueda de referenciales. Es una etapa centrada en lo social. Es el proceso de su autonomía.

Cuando los referenciales no son facilitadores o atractivos para el adolescente, aunque los valores estén bien introyectados en la etapa anterior, aparece desorientación y una tendencia a la retirada de las normas sociales. Pero cuando los valores están bien instaurados y los referenciales son atractivos, la adolescencia se vive como un proceso normal con capacidad para compartir junto a los adultos.

**Consideramos que en las etapas de pre-adolescencia y adolescencia, de los 12 a los 18 años, es cuando se asientan los principios educativos que van a dar lugar a una estable estructura de personalidad.**

La adolescencia: especial atención.

Es un período que se produce entre los 12/13 y los 17/18 años en el cual los individuos evolucionan física, afectiva e intelectualmente desde la condición de niños a la de adultos.

- La **evolución física** son los cambios que transforman el cuerpo, tanto a nivel óseo como muscular y el consecuente desarrollo de los órganos genitales que capacitan para la reproducción. En las chicas se produce el crecimiento de los pechos y ensanchamiento de las caderas; y aparece, entre otros, el vello facial y el cambio de la voz en los chicos.

- Los **cambios afectivos** aparecen interrelacionados con el desarrollo físico; los cambios hormonales afectan a factores como el humor y el comportamiento. Además es una época de inquietud para el adolescente, ya que quiere ser diferente de los demás, no se siente comprendido y quiere contar con más derechos y menos responsabilidades impuestas por los padres.

- Los **cambios intelectuales** vienen derivados de un nuevo tipo de pensamiento; el adolescente entra a formar parte del mundo de los adultos, puede realizar de forma autónoma actividades culturales complementarias o distintas de las que ha podido realizar hasta ese momento. Los adolescentes, en esta época, muestran una destacada creatividad que suelen expresar por medio de la música, el arte, la poesía, el deporte o mediante la discusión y reflexión de temas como la moral, la religión, labores humanitarias...

### ¿A dónde deben llegar los adolescentes?

Al finalizar este período el adolescente deberá alcanzar una serie de objetivos:

- **Desarrollo de la autonomía:** el mundo adolescente es completamente diferente del que ha vivido hasta ahora siendo niño. Los niños se apoyan en la familia, en donde su referencia son los padres, pero en la adolescencia los adultos ya no parecen tan atractivos; ahora se refugian en los iguales para reivindicar su identidad.

Esta identificación con el grupo de amigos es muy importante, sin ella no madurará en las relaciones con sus compañeros, en su vocación o en su sentido de identidad. El grado de autonomía que adquiera dependerá en buena medida de determinantes culturales y de las relaciones padres-hijos.

- **Desarrollo de las actitudes y la conducta sexual:** la adolescencia es la etapa del despertar de la sexualidad y ésta debe ser incorporada a la vida cotidiana y a la relación que mantiene con los demás. Para que se produzca una buena incorporación influyen distintas variables como las diferencias entre sexos; reflejo de estas diferencias es que las chicas adolescentes suelen mantener un menor grado de actividad sexual que los chicos. Otra variable que influye en la incorporación y aceptación de la sexualidad es el cambio de valores que se ha producido en la sociedad acerca de la conducta sexual; actualmente hay una moralidad más abierta hacia el sexo. Otro de los determinantes son los valores en los que se encuentra inmerso el adolescente, tales como raza, cultura, nivel socio-económico, ideales políticos o religiosos, etc.

- **Nuevas relaciones entre iguales:** los compañeros desempeñan un papel fundamental en el desarrollo del adolescente; con ellos va a compartir valores, costumbres, modas, que le aportarán seguridad en un momento tan cambiante como el que está viviendo.

Los adolescentes mantienen un alto grado de conformidad con el grupo, aspecto indispensable para la formación de su propia identidad. Asimismo hay que tener en cuenta que los valores que comparten con el grupo de amigos, en realidad no son tan diferentes de los que aprendió siendo niño en el entorno familiar. El adolescente tenderá a relacionarse con amigos con los que tenga cosas en común, con los que comparta aficiones y valores, sin olvidar que los ha adquirido dentro del seno familiar. Por eso ambos grupos tienen su campo de influencia en el adolescente.

Los compañeros determinan gustos musicales, diversión, modas en el vestir y en el lenguaje, patrones de interacción entre sexos, etc. Los padres influirán en la adquisición de valores morales y sociales, la comprensión del mundo de los adultos, etc. Los adolescentes más autoconfiados y autónomos se beneficiarán de las dos influencias, sin ser dependientes de ninguna.

- **Elección vocacional:** es una de las tareas más importantes de esta etapa, puesto que el futuro que le espera en su vida adulta dependerá de ella. En la elección vocacional se distinguen tres períodos, que están determinados por el nivel de madurez que va alcanzando el adolescente con la edad.
    1. Encontramos un **primer momento**, caracterizado a veces por fantasías y falta de realismo en sus elecciones. Estas elecciones suelen estar basadas en criterios emocionales; habrá cosas que pueden llamarle la atención pero para las que tal vez no esté capacitado.
    2. Se produce un **segundo momento**, en el que en la elección de sus intereses predominan las capacidades que posee para ejecutar determinados trabajos; escogerá profesiones relacionadas con las cosas que sabe hacer bien.
    3. Un **tercer momento**, se caracteriza por su realismo. Sus preferencias comienzan a ser estables y basadas en aspectos prácticos. Este periodo se prolonga en muchos casos hasta los 25 años o más.

## ¿Qué preocupa a los adolescentes?

En esta época los adolescentes pueden sentir incertidumbre y la mayoría de ellos suelen estar preocupados por problemas que conciernen al ambiente familiar, al centro escolar, al aspecto físico y a la apariencia estética, a las emociones, a la adaptación personal, a la vocación y a los valores (ética, sexo, drogas...)

La mejor relación que se puede mantener con los hijos de esa edad debe ser una relación de evidente autoridad, complementada con determinadas reglas de conducta y eliminando expectativas que se hayan podido depositar en ellos. Este tipo de actuación favorece la autonomía responsable de la siguiente manera:

- **Proporciona** oportunidades para que sea más autónomo. Esta autonomía debe ser guiada por los propios padres, quienes han de mostrar su interés en comunicarse con los hijos, ejerciendo determinado grado de supervisión. Los hijos, de esta manera, podrán considerar los principios o reglas de los padres como razonables y como consecuencia tendrán una autonomía más responsable y una estima más alta.
- **Promueve** una identificación positiva con los adultos. Para ello debemos establecer con los adolescentes una relación basada en el amor y el respeto. Así se sentirán aceptados, confiados y tendrán buena imagen de sí mismos.

Este tipo de educación consiste en encauzar con amor y comprensión por parte de los padres o figuras parentales. Aunque imponer normas no debe confundirse con la imposición de castigos. El encauzamiento debe ir destinado a que se instauren en los hijos nuevos comportamientos o a que mejoren los que ya poseen. Las conductas que se proponen son necesarias para su desarrollo, por ello hay determinadas actividades con las que no es aconsejable negociar, ya que son imprescindibles para su desarrollo personal. Estas son:

- **Relación con iguales**: es recomendable que el adolescente se identifique con los valores, hábitos, modas, etc. que encuentra en su grupo de iguales. Los educadores pueden proponer tiempo de permanencia con los amigos, pero nunca suprimir este tiempo. No es correcto hablar mal o despreciar a los amigos de los hijos puesto que en ellos encuentran la manera de reivindicar su singularidad.
- **Relación con figuras de autoridad y referenciales**: en este período valores, ideales, metas, etc. empiezan a formar parte de su estructura mental, por ello son necesarias personas que proporcionen orientación al adolescente y le transmitan que ser adulto merece la pena. Hay que facilitarle que pueda relacionarse con personas de trayectoria personal o profesional relevantes y significativas para él, participando en charlas, reuniones, encuentros... con profesores, maestros, padres de otros amigos...
- **Actividades que desarrollen el pensamiento abstracto**: incluyen juegos, actividades culturales, encuentros con la música... facilitando en el adolescente oportunidades que activen esta forma de pensamiento.

A partir de estas etapas comienza la juventud, donde se supone que la interiorización de los valores educativos que venimos mencionando va a dar lugar a un ser humano autónomo responsable de sus actos. Ya no pertenece al grupo de los educandos, pues se incorpora al sector de población que se hace cargo de su propia vida.

### Causas del bajo rendimiento escolar

1. Baja inteligencia (Puede estar encubierto)

Ejemplos:

— *Es difícil*
— *Soy tonto*
— *No sirvo para estudiar*

2. Pobres hábitos de estudio

Ejemplos:

— *Soy un gandul*

3. Actitudes negativas hacia el aprendizaje

Ejemplos:

— *Estudiar es un rollo*
— *Estudiar no sirve para nada*

4. Falta de base (Lagunas en el aprendizaje / Aprendizajes erróneos)

Ejemplos:

— *No me entero*
— *No entiendo las cosas*

5. Falta de motivación hacia el estudio

Ejemplos:

— *No me gusta estudiar*
— *Estudiar no me sirve para nada*
6. Falta de técnicas de estudio
Ejemplos:

— *Estudio mucho y no apruebo*
— *Me quedo en blanco*
— *No sé hacer un esquema*
— *No sé memorizar los apuntes*
7. Mala planificación del tiempo
Ejemplos:

— *No me da tiempo*
— *Estudio solo cuando me mandan deberes*
8. Problemas personales
Ejemplos:

— Físicos: *No tengo fuerzas*
— Intelectuales: *No me concentro*, *No valgo para nada*
— Afectivos: *Mis padres se acaban de separar*

**⬇ INFORMACIÓN ADICIONAL**

Por la compra de este libro, descárgate de forma gratuita: *Magnet Actuaciones educativas de éxito,* donde podrás aprender más sobre esta materia y sobre plannings de actividades extraescolares.

http://elartedeeducar.guiaburros.com/contenidoadicional

# Capítulo III
# Quién educa

## Agentes educativos

Cualquier persona adulta debería ser referente de los menores. El adulto (madre, padre, docente o cuidador) ha de tener la capacidad para educar haciéndose entender, tener condición moral para conseguir autoridad con el ejemplo de su conducta, valorar su misión, sentir respeto por los educandos y tener paciencia para enseñar.

Al educar es necesario entender que no puede ser de cualquier manera. Se educa responsablemente, con buen trato, estimulando y no etiquetando, respetando y aceptando, no descalificando. En el lenguaje de un buen educador no existen palabras sarcásticas ni ridiculiza a sus alumnos.

La educación ayuda a la excelencia del individuo, por lo que la labor central del educador es estimular las facultades del educando: imaginación, memoria, inteligencia, voluntad, carácter, solidaridad, entre otros valores.

La responsabilidad educativa, y por tanto, de buen trato a los menores, recae en:

- La **familia**, que en sus diferentes formas es el entorno más idóneo para llevar a cabo la protección que todo menor requiere, y en relación al modelo educativo que imponga, va a posibilitar su crecimiento más adecuado.

- Las **estructuras sociales** (servicios educativos, sanitarios, cuerpos y fuerzas de seguridad, organismos y estamentos administrativos) que, junto a la familia, asumen la corresponsabilidad educativa y favorecen la socialización.

- Toda la **población adulta**, en situación de madurez y autonomía, pues la tarea educativa y el buen trato son responsabilidad, en definitiva, de todos.

El educador deberá conocer los principios y valores fundamentales en que se basa el buen trato, (expuestos en el apartado de *Principios Educativos*) teniendo en cuenta las capacidades de los menores en función de su proceso personal, edad, contexto familiar y social, y contar con un método pedagógico adecuado a tales características. Igualmente el educador debe tener acceso a los nutrientes de desarrollo personal, y acercarlos en la dosificación que cada menor requiera.

El ser humano, al vivir en colectividad, desarrolla sus capacidades de forma natural a través de elementos externos que le activan su potencial.

Los menores al nacer vienen dotados de una potencialidad y cuando introyectan un determinado tipo de valores a través de los adultos, preferiblemente de los padres, esa potencialidad se convierte en seguridad.

Otros educadores complementarios a los padres también transmiten contenidos de aprendizaje que el niño asimila de acuerdo a su capacidad, y posteriormente ejecuta de acuerdo a su individualidad. No se trata de que el niño sea una copia de alguien, simplemente, "el otro" es un ingrediente imprescindible que activa la propia capacidad.

La vida es un proceso que puede resumirse en un continuo aprendizaje, crecimiento y cambio. Este proceso necesita de direccionalidad, requiere un motivo y unos objetivos para vivir. Para encontrar esos objetivos la persona necesita un motivador externo. Solo se puede conocer algo si previamente alguien te lo ha transmitido.

Así pues, si el comportamiento tiene un doble componente de base, lo genético y lo aprendido, es en este último donde juegan un papel fundamental aquellas personas (maestros, padres, figuras de autoridad,…) de quienes se aprenden pautas que se incorporan a la vida personal. Los referentes externos ofrecen con su ejemplo, en un momento determinado, la orientación necesaria para tomar una decisión correcta o centrar un objetivo.

### Referentes externos

A lo largo de la vida una persona ha de tener figuras que propicien su crecimiento, que denominamos referente externo.

Cada educador, como referente adecuado, debería estar configurado por las siguientes características: satisfacción, orientación, asesoría, indicación y guía.

### Satisfacción personal

Es aquella característica que se irradia cuando alguien alcanza determinado objetivo y muestra tal satisfacción o entusiasmo, que consigue hacerlo atractivo a otros, dando lugar a lo que se entiende como "disfrutones de vida". Cuando los niños dicen "quiero ser médico o deportista como papá o mamá" están sintiendo que ser médico o deportista parece hacer tan feliz a los padres que los hijos lo quieren para sí.

Desde este punto de vista, la motivación no depende de uno mismo sino de los referentes de quienes se ha aprendido en la vida. Una persona que no ha disfrutado de buenos referentes es muy posible que experimente una escasa motivación.

**Orientación**

Esta característica nos muestra las razones por las que una persona justifica el atractivo de la situación o actividad que propone. Por ejemplo, puede gustar una ciudad no porqué se nació en ella, que puede ser razón suficiente para el que lo propone, sino porque esa ciudad contiene paisajes pintorescos, gastronomía atractiva, personas acogedoras, etc. Se nos presenta una situación justificablemente interesante.

Tiene que ver con lo interesante que sería si conociéramos lo que nos ofrece el correspondiente referente. Sería la razón por la cual todo sujeto podría justificar el esfuerzo que supondría alcanzar lo que se le propone.

**Asesoría**

Es la atención que presta el referente a las personas a las que se les propone determinadas actividades teniendo en cuenta sus peculiares capacidades, sus puntos fuertes y débiles, y aquello que es conveniente para cada sujeto.

Esta característica contiene los elementos de acogida y atención a las personas. Ejemplo: si una persona quiere dirigirse a algún lugar determinado, a través de la asesoría deberíamos conocer si el sujeto que se dirige a tal lugar reúne las características que se requieren para acceder, pues en el caso de un sujeto asmático que desea dirigirse a un lugar de alta montaña debería llevar consigo la medicación conveniente.

**Indicación**

Esta característica muestra la dirección que debemos tomar en relación a dónde nos queremos dirigir. La indicación solamente indica, no obliga a recorrer ningún camino, pero nos garantiza la dirección adecuada.

Esta característica da por supuesto que lo que se indica es verdadero, pues cuenta con la garantía de resultados previamente contrastados. Este tipo de característica no es opinable, ha de ser evidente, nunca miente. Es algo parecido a los indicadores de carretera; están ahí porque la autoridad competente en ese tema los puso y si no queremos perdernos es necesario seguirlos.

**Guía**

Característica que asegura el adecuado recorrido desde el punto de partida hasta el destino. Quien posee esta característica nos acompaña en el camino que él ya conoce y previamente ha recorrido, poniendo su experiencia a nuestro servicio.

Esta característica puede ser entendida de dos formas: en función de evitar sobre la marcha los posibles peligros del recorrido o, habiendo previsto las dificultades, facilitar que el recorrido se enfoque desde los aspectos más agradables.

Ejemplo: en el caso de hacer un recorrido en todoterreno por un desierto, es preferible un calzado adecuado y una crema protectora para evitar mordeduras de reptiles o picaduras de insectos, acompañarse de un mecánico por posibles averías y portar gasolina ante la posible ausencia de gasolineras a, de otra forma, subir al coche e iniciar el recorrido sin prevención alguna.

Consideraciones

**Sería deseable que todo educador reuniera en su persona todas las características del referente externo que hemos mencionado y, por tanto, gozara de un buen nivel de satisfacción personal, supiera orientar, asesorar, indicar y guiar.**

### Características de autoridad

Asimismo sería conveniente que todo educador reuniera el mayor número de características de autoridad, entendiendo por autoridad en el desarrollo humano, el conocimiento teórico y la puesta en práctica de principios imprescindibles para la configuración de un ser humano en un alto nivel de desarrollo, es decir, ser ejemplo de vida y poseer el conocimiento evidente y demostrable de las materias que imparta.

Es necesario entender que, al referirnos a autoridad, la separamos radicalmente del autoritarismo. El autoritarismo anula, agrede, no respeta, es un impedimento al desarrollo.

Ya hemos dicho que el ser humano al nacer lleva consigo una serie de capacidades. Tiene fuerza, pero necesita del medio para desarrollarla. El contacto con las figuras de autoridad en diferentes materias permite que en los menores se active su potencial y que esa fuerza se convierta en seguridad.

Pueden ser figuras de autoridad en el campo educativo los padres (quienes aparecen en primer lugar en la historia evolutiva del niño), los docentes, los cuidadores... en definitiva todas aquellas personas que posean ellas mismas un adecuado desarrollo personal. Pero cuando estas personas no reúnen tales características, dará lugar a inseguridades, baja autoestima, conflictos y resistencias en los educandos.

Se da por descontado que las figuras de autoridad, en el desarrollo humano y por tanto en la tarea educativa, deben proporcionar acogida y orientación, conceptos que se expusieron en el capítulo *Qué es educar*.

Las personas que a lo largo de su desarrollo cuentan con figuras de autoridad tienen garantizada una estructura de personalidad sana; de no ser así, en cualquier momento de la vida habría que buscarlas, reunidas en una persona o a través de varias. No solo las personas sino, incluso, determinadas instituciones tienen características de autoridad que son absolutamente necesarias para vivir en salud.

Pasamos a enumerar una serie de características de autoridad que consideramos pertenecen al potencial de todo ser humano y que corresponde a los educadores desarrollarlas en sí mismos para que despierten el potencial de cada educando.

**Listado de características de autoridad en relación al desarrollo humano:**

| Sinceridad/ Coherencia | Actuar acorde al propio pensamiento/creencias. |
|---|---|
| Inteligencia | Capacidad intelectual para captar y expresar adecuadamente. |
| Discernimiento | Capacidad de discriminación. Facilita saber prorizar. |
| Capacidad de decisión | Conocer el objetivo y persistir en la acción. |
| Sabiduría | Conocimiento esencial de cada actividad o situación. |
| Sentido común | Utilizar lo adecuado en beneficio propio y, como consecuencia, en los demás. |
| Disciplina | Persistir en la actuación necesaria. |
| Persistencia/ Constancia | Permanecer sistemáticamente. |
| Fuerza de voluntad | Consecuencia de una disciplina y constancia en lo adecuado. |
| Respeto/ Aceptación | Admitir la diversidad. |
| Responsabilidad | Asumir las consecuencias de las acciones. |
| Marcar pautas | Inculcar reglas y encauzar en función de la necesidad del educando, no por el deseo del educador. |
| Saber apoyar | Aportar claves que permitan desarrollo individual, no hacer por otro. |

| | |
|---|---|
| Firmeza | La opinión de otro no debe impedir la consecución de la verdad. |
| Seguridad | Certeza y evidencia en lo que se expone. |
| Objetividad | Moverse por evidencias demostrables. |
| Respeto a la norma | Actuar en función de lo que es querido. |
| Justicia/ Equidad | Dando a cada educando lo que necesita proporcionalmente a su necesidad, no a todos por igual. |
| Asertividad | Ser transmisor de principios de verdad, no de opinión. |
| Serenidad | No hacer propio el sentir o pensamiento ajeno. |
| Accesibilidad | Estar cuando se es requerido. |
| Humildad | Inteligencia suficiente para aceptar lo que las cosas son. |
| Tolerancia | Aceptar los diferentes puntos de vista. |
| Valorar y reconocer | Independientemente de las acciones. Un buen educador puede no aprobar una conducta, pero jamás descalifica a una persona. |
| Entrega en gratuidad | Lo que se entrega procede de la excedencia y, por tanto, no pasa factura. |
| Capacidad de acogida / Empatía | Aceptar incondicionalmente. |
| Amabilidad | Educar con una sonrisa. |
| Capacidad de escucha | Dejar hablar a término. |
| Experiencia / rentabilidad | Actuar con resultados previos, no por opiniones. |
| Presencia | Cercanía física. No se puede educar a distancia. |
| Capacidad de perdón | Aceptar la situación. |
| Compromiso | Obligarse a una acción por la experiencia satisfactoria previa. |
| Economía | Suficiencia en cuanto a recursos materiales en su vida personal. |

## Proyecto personal/proyecto colectivo

Vamos a exponer a continuación la forma en que se puede realizar un adecuado proyecto personal y poder llevar a cabo el proyecto colectivo que supone la educación.

Podemos deducir que todo educador, como ser humano que es, requiere que su estado personal y su modo de vida sean acordes con los valores y principios que desea impartir. Vamos, por tanto, a presentar lo que es necesario para que tal situación se lleve a cabo.

Este planteamiento supone que, a nivel personal, cada educador, ya sea padre o madre, docente o cuidador, ha de tener un plan de acción que les haga sentir íntegros, solidarios, en libertad y amor, que son como dijimos las características de esencia que lo configuran.

Por tanto, cada educador debe construir individualmente un plan de vida o proyecto personal que le capacitará, a su tiempo, para poder intervenir en un proyecto colectivo como es la **educación**.

Entendemos como proyecto personal aquel proyecto que sirve para experimentar el bienestar propio y como proyecto colectivo aquel proyecto en el que se participa con otros y que supone, por cada miembro de dicho colectivo, la capacidad de servicio que se adquiere previamente cuando dicho sujeto se encuentra en situación de abundancia y excedencia.

En conclusión: **proyecto personal equivale a "la vida a mi servicio"** frente a proyecto colectivo **"yo al servicio de la vida"**.

## Proyecto colectivo en la educación: Trabajo en equipo

El trabajo en equipo presenta características diferentes del trabajo individual. Algunas de estas características están en relación con la distinta capacidad o ritmo de cada individuo que compone el grupo.

Habrá que tener en cuenta que:

- No se debe iniciar el trabajo hasta que todos lo hayan comprendido.
- El ritmo del grupo debe entenderse que va en relación al ritmo de los más lentos; de esta manera el grupo se sentirá seguro y no habrá lugar a retrocesos tras avances aparentes.
- Cada persona ha de disponer del tiempo necesario que le permita "hacer suya la tarea"; nadie puede caminar a remolque de otro.
- Es necesario que exista coordinación y lenguaje común entre los distintos componentes del grupo.
- Cada uno pone sus capacidades al servicio de los otros, y a este respecto habrá que tener en cuenta que no siempre el que más sabe es el que mejor enseña.
- Las indicaciones debe marcarlas la evidencia, no la mayoría.

Pasos a cumplir en el trabajo en equipo:

1. **Tener un proyecto común:** No es posible iniciar una tarea sin una dirección definida, sin un objetivo concreto.

2. **Lenguaje común**: Antes de comenzar la tarea grupal es necesario asegurarse de que todos los miembros del equipo entienden lo mismo.
3. **Coordinación**: Alguien debe encargarse de proponer las directrices y coordinar los esfuerzos de todos.
4. **Reparto de tareas**: No todas las personas pueden ni deben hacer lo mismo; cada uno debe actuar según sus intereses y capacidades.
5. **Desarrollo personal del trabajo**: El esfuerzo individual en la tarea correspondiente es ineludible. Nadie puede esperar que el trabajo que le corresponde sea realizado por otro.
6. **Puesta en común**: Las tareas individuales deben exponerse al grupo en un tiempo prefijado para su puesta en común. De este modo puede efectuarse la evaluación de las tareas, obtener las conclusiones pertinentes y obtener retroalimentación.

Para poder llevar a cabo un proyecto colectivo se ha de tener en cuenta el desarrollo de capacidades de cada uno de los miembros que configuran dicho colectivo. Lo que supone que todas las personas que forman parte de un equipo han de contar con un proyecto personal con los nutrientes necesarios.

Todo proyecto personal requiere, por tanto, la incorporación de los ingredientes correspondientes que satisfagan cada uno de los niveles de la estructura de personalidad: nivel físico, nivel intelectual, nivel afectivo y nivel espiritual. La incorporación de tales ingredientes requiere la puesta en práctica de una serie de **actuaciones** que den lugar a una adecuada nutrición.

## Actuaciones

| | NIVEL FÍSICO |
|---|---|
| RESPIRACIÓN | Ambiente libre de polución |
| | Ejercicios respiratorios |
| | Respiración consciente |
| DESCANSO | Tiempo suficiente de sueño |
| | Descanso no incluido en el sueño |
| | Relajación |
| | Tiempo de permanencia de pie - sentado/a |
| | Ropa y calzado cómodos |
| ALIMENTACIÓN | Sana y equilibrada |
| | Comer despacio |
| | Regímenes de reducción - aumento de peso |
| | Ingesta de agua |
| HIGIENE Y CUIDADO PERSONAL | Baños - Duchas |
| | Cremas, aceites |
| | Estética personal |
| | Masaje |
| EJERCICIO FÍSICO | Paseos - Caminar |
| | Gimnasia – Deportes - Yoga |
| | Danzas - Baile |

| | | |
|---|---|---|
| ATENCIÓN SANITARIA | CURATIVA | Consulta médica si se precisa |
| | PREVENTIVA | Evitar tóxicos |
| | | Atención al ritmo de eliminación |
| | | Revisión médica periódica |
| | | No forzar el tono de voz |
| | | Atención a la postura corporal |
| RETIRADA DE LO DESAGRADABLE | | |
| SEXUALIDAD | Caricia sensitiva | |
| DESARROLLO DE LOS SENTIDOS | VISTA | Discriminar formas y colores |
| | | Contemplar la naturaleza |
| | OLFATO | Discriminar olores |
| | | Utilizar olores gratos |
| | OÍDO | Discriminar sonidos |
| | | Eliminar ruidos |
| | | Incorporar música |
| | GUSTO | Discriminar sabores |
| | | Comidas y bebidas agradables |
| | TACTO | Discriminar sensaciones táctiles |
| | | Tocar objetos agradables |
| | | Tocar el propio cuerpo |
| | | Tocar a otras personas |

| | |
|---|---|
| CUIDADO DEL ENTORNO | Limpieza |
| | Orden |
| | Temperatura |
| | Comodidad |
| | Luminosidad |
| | Estética |
| | Intimidad (espacio propio) |

| NIVEL INTELECTUAL | |
|---|---|
| ESTRUCTURA MENTAL | Nivel de instrucción |
| | Discernimiento |
| | Sabiduría (aprendizaje de conceptos básicos) |
| | Sentido común |
| | Disciplina |
| REFERENTES EXTERNOS | Satisfacción personal |
| | Orientación |
| | Asesoría |
| | Indicación |
| | Guía |
| MOVERSE EN CONCEPTOS DE EVIDENCIA | Saber diferenciar entre la evidencia y la opinión |
| | Evitar prejuicios |
| | Comunicación correcta |
| TENER MOTIVACIONES CLARAS | Propósito, finalidad y razón última |
| | Objetivos, sueños |
| | Metas, esfuerzo dosificado |

| | |
|---|---|
| PLANIFICAR TIEMPO Y ACTIVIDADES | Agenda |
| | Priorizar en razón de lo necesario o de lo emergente, nunca de lo urgente |
| | Tiempo diario para revisión y planificación |
| | No dejar temas pendientes si es posible |
| | Supervisar la planificación con un asesor |
| VIVIR EL PRESENTE | Respiración consciente |
| | Momentos de parada (a intervalos fijos o al cambiar de actividad) |
| | Hacer el duelo al pasado (no pensar en lo que fue o no pudo ser, si no es para sacar enseñanza) |
| COHERENCIA | Actuar acorde a las creencias |
| ASERTIVIDAD | Concordancia entre sentimiento, pensamiento y resultado correcto |
| EJERCITAR LA CAPACIDAD INTELECTUAL | Estudiar, leer |
| | Escuchar música |
| | Asistir a actividades culturales (museos, cines, etc.) |
| | Participar en actividades artísticas |
| | Actuar con consciencia y atención |
| | Doble atención (atentos a nosotros mismos sin distraerse de la actividad que se realiza) |
| | No dar paso a pensamientos negativos |
| | Visualizarse en positivo |
| | Expresar con claridad y solo en positivo |

| NIVEL AFECTIVO | |
|---|---|
| RELACIONES DE FILIACIÓN (RECIBIR) | Relación con personas excedentes, que nos valoren |
| | Cuidar a quien nos atiende |
| | Pedir lo que necesitamos |
| | Acercarnos de forma atractiva |
| RELACIONES PARITARIAS (INTERCAMBIAR) | Relacionarse mediante proyectos |
| | Establecer y cumplir contratos |
| | Respetar, no herir, no quejarse |
| | Manejar habilidades de relación |
| | No dejarse someter, ni someter a otros |
| | No exigir ni sentirse obligados a dar elementos de relación incondicional |
| | Planificar los encuentros |
| RELACIONES DE ENTREGA (APORTACIÓN) | Dar en gratuidad |
| | Querer incondicionalmente |
| | Focalizar/encauzar |
| | Dar paso a otras figuras referenciales |
| | Permitir la independencia llegado el momento |
| RELACIONES POSITIVAS CONSIGO MISMO | Reencuentro diario, aceptación propia |
| SEXUALIDAD | Parte afectiva |
| MANIFESTAR SENTIMIENTOS Y TERNURA | Pedir y dar afecto y caricias |

| | |
|---|---|
| ACTIVIDADES QUE MEJORAN CUALQUIER TIPO DE RELACIÓN | Estar con quien nos agrada y evitar a los que no nos agradan |
| | No mezclar relaciones de grupo con relaciones de par |
| | Mantenerse en contacto con amigos y conocidos |
| | Relacionarse desde el presente (cada encuentro es nuevo e irrepetible) |
| | No dar cabida a sentimientos negativos |
| | Relacionarse desde lo positivo |
| | No hablar mal de terceras personas ni de uno mismo |
| | Manejar distancias y tiempos |

### NIVEL ESPIRITUAL

Actividades o técnicas que favorezcan el desarrollo integral y permitan conocer la esencia personal a través de la consciencia de pertenencia a un mundo global y universal.

De lo anteriormente expuesto se desprende el hecho de que todo educador debería incorporar, en su vida, esa serie de características y procederes que le llevaran a una asimilación de los ingredientes necesarios para poder, a su vez, instruir a los educandos.

Si educar consiste en impulsar a los menores a vivir, es evidente que se trata de actuaciones participativas, de orientaciones individuales y colectivas... en definitiva se trata de un mundo de relaciones. Pasamos a considerar los tipos de relaciones que se establecen de forma natural.

# Capítulo IV
# Las relaciones

## Direccionalidad en las relaciones: unidireccional y bidireccional

Los seres humanos somos solidarios; desde el nacimiento estamos en continua relación con el medio. Las relaciones pues, son consustanciales a las personas: recibimos, intercambiamos y entregamos.

Cuando nos relacionamos con las personas hay un intercambio de actuaciones en relación a las capacidades. Dependiendo de en qué sentido se produzca el intercambio se podrá hablar de: relaciones parentales, relaciones paritarias y relaciones filiales.

### A) Relaciones unidireccionales.

Son las relaciones que se dirigen en una sola dirección, bien desde el sujeto que entrega o bien desde el sujeto que recibe, y no tienen reciprocidad. Se entrega sin esperar respuesta o se recibe sin dar a cambio. Las relaciones a que nos referimos son: parentales y filiales.

#### Relaciones parentales

Son las relaciones en las que hay una persona que entrega en gratuidad y otra que recibe. Hablamos de relación parental cuando se trata de un sujeto dador.

A lo largo de la vida muchos adultos en algún momento se encuentran en situación parental ya sea como padre, educador, orientador, o brindando algún tipo de acogida a niños, discapacitados, etc.

Se ha de tener en cuenta que para ejercer la función de educador o tener algún tipo de relación parental habría que haber desarrollado las relaciones filiales, es decir, haber ejercido como hijos. Está claro que no puede entregarse aquello que no se posee, por tanto si se desea enseñar es necesario haber aprendido, si se muestra cariño se debería haberlo recibido previamente. Solo el que está excedente en algo puede ofrecerlo en gratuidad.

Otro aspecto a tener en cuenta es el de que no es posible tratar a los hijos o educandos por igual, pues al ser cada uno diferente necesitará un trato asimismo diferenciado y, por supuesto, dosificado a sus capacidades.

Funciones del educador como figura parental:

- **Facilitar** recursos al educando: ya sea por su capacidad personal o, en su caso, dando paso a otras figuras cualificadas para ofrecer lo que cada menor requiera, tanto en el campo del conocimiento como de la salud, etc. La educación es competencia solidaria.
- **Respetar** al educando en su individualidad introduciendo en él lo necesario en función de la verdad, no de la opinión, y dosificando de acuerdo a las capacidades.
- **Permitir y favorecer** la autonomía en el momento adecuado.

Tener siempre en cuenta que la relación entre padres e hijos o educadores y educandos ha de incluir respeto, cariño, empatía, etc pero nunca puede confundirse con "amiguetes o colegas".

### Relaciones filiales

Son aquellas relaciones en que hay un dador y el sujeto es un mero receptor. Cuando un individuo nace, son las únicas relaciones que puede establecer. El niño recibe todo: cuidado sensitivo, afecto, orientación... Y lo recibe, o al menos debería recibirlo, en gratuidad. No es función de los niños devolver lo que se les aporta y los adultos que lo entregan no han de exigir a cambio.

Este tipo de relación que denominamos filial es imprescindible para el desarrollo personal. Para que una persona se desarrolle en salud, es necesario que tenga la experiencia de haber recibido en gratuidad. Pero es más, esta filiación debe perdurar toda la vida, somos hijos desde que nacemos hasta que morimos y como tales debemos recibir la filiación. La infancia desaparece con la edad, pero la filiación perdura de por vida.

En la filiación se recibe acogida, con el cuidado sensitivo que conlleva, y se recibe asimismo afecto y orientación. Estas características de filiación habrá que buscarlas a lo largo de la vida en el medio, tanto si se tuvieron o no padres adecuados.

La filiación se recibe desde figuras con madurez, desarrollo personal y excedencia. Gracias a ellas se introyecta en los menores la fuerza individual con que nacieron y esa fuerza se convierte en seguridad al sentirse reconocidos y queridos en gratuidad.

Los adultos que no han tenido una filiación adecuada en los primeros años de vida, desconfían y tienen dificultades con las figuras de autoridad.

La filiación es imprescindible para el desarrollo que debe darse permanentemente a lo largo de la vida. Se deja de ser niños pero no de ser hijos y, como adultos, es necesario saber reconocer en el medio los contenidos de filiación válida e ir a su encuentro.

Cuando los adultos van a la búsqueda de relaciones filiales, su disposición ha de ser la de aceptar lo recibido. Para ello es necesario:

- Reconocer personas que ejercen autoridad personal.
- Reconocer con humildad quién posee buen desarrollo de los Valores.
- Apertura para dejar que se despierte el potencial personal (**el hombre sabio es el eterno aprendiz**).
- Estar preparado para percibir desde la evidencia.
- Saber pedir a quien puede dar, mostrándose atractivos.
- Facilitar la recepción (**eternos hijos de la vida**).

### B) Relaciones bidireccionales.

Se entienden como relaciones bidireccionales aquellas en las que los intervinientes aportan y reciben de forma paritaria. Se entrega para recibir a cambio, no hay incondicionalidad.

En este tipo de relaciones se encuentran los hermanos, los amigos, los socios, los compañeros, las parejas sentimentales... en definitiva cualquier relación que suponga igualdad o paridad, así como reciprocidad y, en ocasiones, complicidad.

Para que las relaciones bidireccionales no se encuentren contaminadas, se deberían haber recibido como hijos los nutrientes adecuados de relaciones parentales.

De no ser así, es muy probable que se exija en la relación de iguales, características que pertenecen a relaciones parentales, dando lugar a carencias y exigiendo que tales nutrientes sean aportados por las personas que se encuentren más cercanas.

Cuando no se han tenido padres o educadores adecuados es posible que se exija a compañeros, amigos, colegas, etc. que ejerzan como tales. De ahí que un educador ha de tener en cuenta estar cubierto en sus relaciones filiales para no pedir nunca que los educandos le aporten ingredientes que no corresponden, pues ningún educando puede ser sustituto de ninguna otra relación que no sea la de recibir sin esperar a cambio.

En la tarea educativa las relaciones bidireccionales o paritarias han de tenerse en cuenta, no solo entre los menores, sino también entre los docentes de un mismo centro, entre docentes y padres de educandos; en definitiva, entre todos los adultos que intervienen en el proceso educativo.

## Tipos de relación

Todas las personas son seres enteros, completos en sí mismos. Cuando se relacionan con otras personas se activa y expande el potencial que albergan, pero no necesitan de ningún aditamento pues, como venimos diciendo, son sujetos completos. Podríamos decir, a nivel simbólico, que cada persona podría ser una esfera que a lo largo de su existencia va rodando y, al moverse, se encuentra con otras esferas dando lugar a diferentes tipos de relaciones. Atendiendo a los **tipos de relación** que, a su vez, se dan a lo largo de la vida, nos encontramos con las siguientes formas en que se manifiestan:

- Relaciones simbióticas.
- Relaciones secantes.
- Relaciones tangentes.

**Relaciones Simbióticas.**

Son entendidas como el tipo de relación en que una persona depende exclusivamente de otra.

En el ejemplo de las esferas entenderíamos que una está dentro de la otra. En esta relación se supone que una persona absorbe a otra, estableciendo una relación de máxima dependencia y atadura. Las dos irían siempre juntas, no hay posible separación.

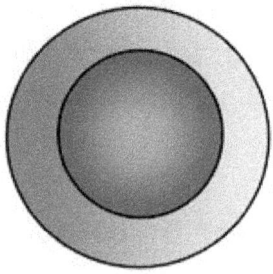

Este tipo de relación se establece de forma natural en los casos de la gestación de las madres con sus fetos. También podría entenderse en el caso de que una persona adulta tuviera una grave enfermedad que le impidiera vivir por sí misma como autónoma de forma continua y necesitara la atención irremediable de un cuidador. Esta relación simbiótica es, por tanto, de carácter temporal y dura hasta que el enfermo sana o el feto irrumpe a la vida. Cuando de alguna forma se establece entre adultos autónomos, supone sometimiento, máxima atadura; en definitiva anulación recíproca, por lo que se considera una relación no adecuada.

Son relaciones no concebibles, por tanto, en la tarea educativa.

**Relaciones Secantes.**

Este tipo de relación consiste en la unión de dos personas en las cuales se da un aspecto individual y otro aspecto compartible. De alguna manera se establece una determinada dependencia al no darse una completa autonomía por alguna de las partes, haciéndose una de ellas responsable de las acciones de la otra.

Volviendo al esquema de las esferas, en este tipo de relación estas se imbrican en una porción más o menos amplia, quedando otra parte de opción personalizada.

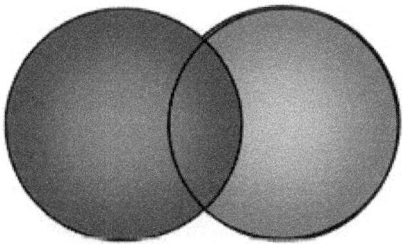

Estas relaciones secantes, se consideran, por tanto, pertinentes en la tarea educativa por corresponder a los educadores atender a los educandos en tales edades. Los menores no son responsables de sus actos; de ahí que durante un período, hasta la fecha de alcanzar la juventud, necesiten que alguien les atienda de una manera continua.

Los educadores han de conocer dónde están los menores a su cargo en cualquier momento. Asimismo, los menores han de depender de tales adultos para ejercer su plan de acción y, poco a poco, con las indicaciones adecuadas y las vivencias pertinentes, se irán haciendo más autónomos hasta conseguir responsabilizarse de sus acciones.

Se trata de una dependencia positiva, pues es la época en que los menores reciben sus nutrientes orientados por sus educadores, en la cuantía adecuada a sus correspondientes capacidades.

Aparentemente este tipo de relación seria más libre que la anterior, ya que existe una zona común a ambas partes, quedando el resto relativamente independiente. Sin embargo, no podemos imaginar el movimiento en las esferas así trabadas sin que una de ellas arrastre a la otra. Los puntos en común suelen denominarse como relación de favor.

Sin embargo, este tipo de relaciones también suelen encontrarse frecuentemente entre adultos en nuestra sociedad; son relaciones no adecuadas debido a que no se cubrieron las relaciones filiales en el momento que les correspondía (fundamentalmente infancia, pubertad y adolescencia)

Ejemplo: "yo te acompaño a dónde a ti te guste con tal de que luego me acompañes a lo que me gusta a mí». En ambos casos, una de las personas puede estar a disgusto actuando en función del otro y cediendo por evitar cualquier tipo de conflicto, estableciéndose una relación no satisfactoria a pesar del favor que, recíprocamente, se conceden ambos. "Hoy por ti, mañana por mí".

**Relaciones Tangentes**

Son las relaciones que se establecen entre adultos de vida autónoma, responsables de sus acciones y ejecutores y provocadores de su propia vida.

Cuando las personas actúan de forma autónoma y cuentan con un plan de acción satisfactorio, se pueden relacionar con otras personas de manera no invasiva y no dejándose invadir.

De esta forma las relaciones que se establecen se pueden denominar como relaciones tangentes o puntuales, que no sujetan a otra persona y no se dejan atar. Se acercan, viven intensamente el momento del encuentro y cuando se retiran, se retiran enteros, no dejan ninguna faceta de su vida en manos de nadie.

En el ejemplo de las esferas pueden ser encuentros de dos esferas rodando sobre sí mismas pero sin atrapar una a la otra y, al retirarse cuando lo decide una de ellas, no hay dolor ni sufrimiento, pues no hubo enganche. Este tipo de relaciones posibilita poder volver a encontrarse cuantas veces se desee en diferentes momentos, mostrando diferentes parcelas, el tiempo que se decida y a la distancia que se elija, de tal manera que los encuentros siempre serán diferentes.

Las ventajas de ese tipo de relación son múltiples. En primer lugar ninguna de las dos esferas impide la movilidad de la otra. Además, al poder girar libremente, se comparten facetas diferentes. Con absoluta libertad de movimientos, cada persona puede establecer a su vez otras relaciones con otras personas, sin menoscabar la relación anterior.

**La evolución de las relaciones adecuadas tiene que ver con un proceso en el que, partiendo de una total dependencia en el embarazo y los primeros días de vida (relación simbiótica), se evoluciona progresivamente a través de una relación de dependencia en la infancia y adolescencia (relación secante), hacia la autonomía que se supone alcanzará en la juventud para tener la capacidad de relacionarse de forma autónoma (relación tangente).**

## Relaciones grupales

Las relaciones tangentes también se pueden establecer en grupo. Si observamos el dibujo, aparece un espacio compartido para cada uno de los pares (**espacios AB, BC y AC**), en el que no tiene porque interferir un tercero, y un espacio común a todos (**espacio ABC**), en el que se facilita la relación grupal y en el que no deben interferir aspectos que solo afectan a dos miembros del grupo. Dichos espacios están fuera de los protagonistas.

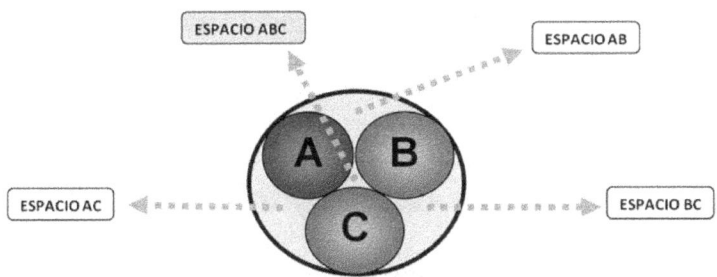

La vinculación con otra persona puede ser tan grande como pueda permitirse el individuo, pero no ha de entregarse nada que pertenezca a su integridad. Así pues, desde el momento en que alguien entrega algo (cariño, trabajo, dinero, etc.), debería tenerlo en abundancia para poder entregarlo con generosidad; así entendido, lo que se entrega, por ser excedente, ya no pertenece a quien lo entrega, y si alguien lo rechaza, rechaza lo que se entrega, nunca a la persona que lo entrega y por tanto no da lugar a defraudamiento ni malestar.

Este tipo de relaciones solo se concibe entre adultos, puesto que requiere asumir la responsabilidad de las propias acciones. Es, por tanto, un tipo de relación adecuada para los adultos que intervienen en la tarea educativa. Se sobreentiende por tanto que las relaciones educadores-educandos son de tipo secante y no tangente.

Una vez expuestos los diferentes tipos de relación y aplicándolas a la tarea educativa que nos ocupa, se desprende que **los educadores han de posibilitar que cada uno** de sus educandos se configure, primero y ante todo, como ser humano completo-entero.

Cuando los educandos se sitúen con autoestima y rentabilidad, se sentirán capaces de interactuar y relacionarse ya como adultos y de forma tangente con otras personas.

## Niveles de desarrollo personal

Por **niveles de desarrollo** se entiende los estados en que se encuentran las personas en relación a su evolución.

### Nivel I

Son las personas que a lo largo de su vida han conseguido reunir los nutrientes necesarios y adecuados a sus capacidades, dando lugar a una alta satisfacción en su estructura de personalidad. Han podido nutrirse al punto de alcanzar una vida muy saludable, tanto a nivel psico-físico como a nivel afectivo-espiritual.

Estas personas han tenido la posibilidad de tomar las riendas de su vida, no permitiendo ningún tipo de servilismos ni contaminaciones en cuanto a la forma de aceptar lo que otras personas quieren imponerles, siendo conscientes de que nadie ostenta un poder de dominio sobre ellas.

Asimismo, cuando entregan, lo hacen en función de su excedencia y por tanto incondicionalmente, evitando dar lo que les pueda suponer menoscabo de su integridad.

Acercarse a esas personas supone poder recibir sin sentirse en deuda, pues se satisfacen en el mismo hecho de la entrega. Uno se puede acercar cuando lo desea y retirarse cuando lo decida. Si esas personas que están en ese alto nivel de desarrollo no están disponibles cuando alguien se les acerca, proponen con naturalidad otro momento de encuentro.

Los encuentros con estas personas siempre son agradables. Jamás muestran señales de exclusión al aceptar de forma incondicional y constituyen una garantía de nutrición y una activación de la energía.

Como se relacionan en función de su situación personal, cuando consideran que ya es suficiente el encuentro que establecen con otros, se retiran y siguen su personal plan de acción, sin tomar en cuenta la demanda que otros deseen. Siguen su propio camino.

Como la relación con este tipo de personas es siempre deseable e invita a permanecer con ellas el mayor tiempo posible, es aconsejable que quienes se les acerquen se entreguen a esos momentos de encuentro y disfruten de esa cercanía.

La manera más adecuada para entrar en contacto con estas personas de un Nivel I de desarrollo será la de acercarse con la mejor actitud, evitando la queja y hacerles saber de vez en cuando, que nos agrada estar con ellas. Un detalle o un gesto de afecto contribuirá a conservarlas, ya que si bien estas personas son gratuitas, la mejor manera de acercarse a recibir es mostrarse atractivos.

## Nivel II

En este nivel se encuentran aquellas personas que, aun a sabiendas de que no tienen un alto nivel de desarrollo, hacen todo lo posible por no cargar sobre otros sus carencias. Son personas que se esfuerzan por cubrir sus necesidades a pesar de las dificultades que se encuentran, aceptan acuerdos de convivencia y colaboran de forma efectiva en los proyectos en los que participan. No son excedentes pero cuando entregan no "echan en cara" ni recriminan a quienes aportan sus servicios.

Son conscientes de que la consecuencia de sus acciones puede ser no satisfactoria y, aun así, participan en las actividades a las que se comprometen. Actúan con conocimiento de causa y no eluden las responsabilidades de sus acciones. Establecer relaciones con este tipo de personas supone la seguridad y la confianza de que lo hacen con sus mejores deseos y aportando lo mejor de lo que son capaces. En definitiva, se pueden hacer importantes acuerdos de convivencia, pues se delatan como buenos compañeros de viaje.

## Nivel III

Hay personas que, a pesar de su buena voluntad, no alcanzan un nivel de compromiso estable, pues adolecen de estabilidad personal, al no haber tenido la oportunidad de recibir lo adecuado por haber carecido de figuras de autoridad en cada una de las facetas de su persona.

Estas personas siempre actúan con la mejor intención, pero no tienen la fuerza necesaria para llevar a cabo las tareas que requieren los proyectos que se les proponen.

Pero son muy buenos como ejecutores de acciones previamente dirigidas por otros: son buenos empleados, buenos amigos, buenos compañeros... pero tienen el riesgo de participar en los proyectos como sirvientes y pueden parecer sumisos a la hora de actuar.

Cuando la planificación de los proyectos a llevar a cabo es adecuada y hay un buen reparto de actividades para los sujetos que intervienen en ese proyecto, este tipo de personas son las más indicadas para ejecutar la tarea que les corresponde. Su principal característica es la disciplina y la ejecución correcta de lo que adecuadamente se les indica.

### Nivel IV

A este nivel pertenecen quienes se muestran habitualmente demandantes en todos los ámbitos de su vida. Su comportamiento tiene que ver con recibir y no se sienten responsables de sus acciones.

**Como podemos comprobar, este es el nivel que corresponde a las edades de infancia y adolescencia, donde su cometido principal es estar atentos a la oferta que les otorga la vida a través de la relación con los educadores con quien convivan.**

Esta situación en adultos supone un estado de infantilismo que daría lugar a relaciones excesivamente demandantes y de evitación de cualquier tipo de responsabilidad.

## Grupos de relación

### Grupo I

Se establece cuando los intervinientes del grupo pertenecen al Nivel I de desarrollo personal. Todos los miembros de este grupo son, por tanto, de alto nivel de desarrollo, se acercan o distancian entre ellos de forma natural sin necesidad de requerir, para sus encuentros, establecer contratos previos, pues se encuentran en los momentos que consideran oportunos desde la libertad de estar siempre dispuestos en los tiempos que decidan. Como no se necesitan para cubrir sus necesidades básicas, que ya las satisfacen en otros momentos, sus relaciones son siempre desde la excedencia, consiguiendo los más altos niveles de entrega y bienestar.

### Grupo II

Este grupo se establece cuando al menos una, o todas las personas que lo configuran se encuentran en un Nivel II de desarrollo pero nunca a un nivel inferior. La pertenencia al grupo es siempre voluntaria y asumiendo las consecuencias del compromiso que se adquiera.

A este tipo de grupo suelen pertenecer las relaciones de pareja sentimental, aunque no necesariamente. Puede darse, siempre entre adultos, entre padres e hijos, amigos, compañeros, socios, etc. La condición para pertenecer a este grupo es que se desea relacionarse con las personas que lo configuran.

Se trata por tanto de una aceptación recíproca, provocada fundamentalmente por sentimientos de agrado. Este grupo se mueve habitualmente por acuerdos y contratos, tanto implícitos como expresos, donde se prefijan los tiempos de pertenencia.

La adecuada relación en este tipo de grupos ha de ser de:

- **Respeto**; no intentando cambiar ni someter unos a otros. Se trata de aceptar a las otras personas a pesar de no estar a veces de acuerdo con algunos comportamientos.
- **No herir, no recriminar.**
- **No quejarse nunca**; si son personas a las que elegimos la responsabilidad es nuestra, no podemos culpabilizarlas.
- **Hacer acuerdos de convivencia.**

## Grupo III

En este grupo se incluyen las personas que aunque no se eligen para convivir se sienten condicionadas a relacionarse en determinadas ocasiones. Los miembros pertenecientes al Grupo III aparecen impuestos por determinadas circunstancias: compañeros de trabajo, parientes políticos o las parejas de algunos amigos que se encuentran incluidos en un Grupo II. A veces familiares próximos también pueden pertenecer a este Grupo III.

El comportamiento en este tipo de grupos se realiza a través de estrategias de relación, dado que la relación puede venir impuesta por causas ajenas a la elección de alguno de los participantes.

Moverse en la distancia más larga y el tiempo más corto, que es válido para cualquier tipo de relación, es imprescindible en este grupo.

## Grupo IV

Las relaciones establecidas en este contexto son aquellas que se aceptan por la utilidad del servicio que se recibe de las personas para cubrir determinadas necesidades: médico, peluquería, tiendas de comestibles, etc. Son las personas con las que el encuentro es elegido en función del trato recibido y de los servicios prestados. La relación con este tipo de personas, dependiendo del nivel de desarrollo que hayan alcanzado, facilitará o dificultará la frecuencia de los encuentros.

## Grupo V

Se da con aquellas personas que se encuentran de manera habitual aunque no haya ningún tipo de proyecto ni de recíproco beneficio, pero determinadas circunstancias hacen que el encuentro sea frecuente: vecindario, habitantes del mismo barrio, personas coincidentes en servicios comunes, instituciones sanitarias, etc.

En este tipo de encuentros ha de predominar amabilidad en el trato.

## Grupo VI

Aquellas personas con las que no deseo encontrarme, debido posiblemente a situaciones previas en las cuales hubo cualquier dificultad de trato.

Lo conveniente con este tipo de personas es la evitación consciente y voluntaria.

## Grupo VII

Se establece cuando da lugar a encuentros totalmente esporádicos con personas que posiblemente no se vuelvan a ver. Ejemplo: compañeros de asiento en un viaje, donde la relación más habitual sería un saludo cordial.

**Consideraciones:**

- Hay que tener en cuenta que estos grupos no son inamovibles; con frecuencia, personas del Grupo II pasan al III o viceversa. Las que suelen ser fijas son las del Grupo I.

- Es posible que personas que pertenecen al Grupo IV puedan pasar a formar parte de un Grupo II en caso de que los encuentros se hagan más frecuentes y satisfactorios.

- Es importante tener claro en qué grupo se sitúa a las personas del entorno para ubicarlas en la relación adecuada, ya que es frecuente que surjan problemas en la relación por pedir incondicionalidad a personas que no son Grupo I o no utilizar las estrategias convenientes.

**Una vez que hemos reflexionado sobre los niveles de desarrollo y grupos de relación, observamos que los educadores, tanto padres como docentes y cuidadores, deberían pertenecer, como mínimo, a un Nivel II de desarrollo, siendo lo deseable que pertenecieran al Nivel I.**

Igualmente hay que tener en cuenta que los educandos/hijos/alumnos estarán siempre en el Nivel IV y, por tanto, su grupo de relación tiene que estar siempre en situación de cubrir necesidades. Su proceso educativo está en función de ir adquiriendo un desarrollo de capacidades hasta conseguir la madurez que les permita la autonomía y poder incorporarse a los grupos de relación anteriormente expuestos.

## El proceso de comunicación

Se da por hecho que hablar de proyecto educativo lleva implícito el comunicar una serie de conceptos, actividades y momentos de encuentro entre personas, ya sean educadores con alumnos, educadores con educadores o alumnos o educandos entre sí. Por tanto, se impone señalar qué se entiende por comunicación y de qué manera se considera que la comunicación pueda ser lo más adecuada posible.

Previamente a analizar la forma en que se debería proceder a una correcta comunicación, vamos a exponer una serie de consideraciones que nos faciliten dicha tarea:

- Habitualmente se dice que si cambiamos los pensamientos podrá cambiar nuestra forma de actuar, pero hay que tener en cuenta que los pensamientos son la consecuencia de experiencias vividas previamente y, por tanto, si un determinado tipo de vivencias da lugar a unos determinados pensamientos podemos suponer que si provocamos otro tipo de actuaciones se podría dar lugar a otro tipo de pensamientos.

- Si los educadores facilitan que los educandos acumulen experiencias agradables que favorecen el bienestar, dichas experiencias van a ser el origen de pensamientos gratos que, a su vez, darán lugar a otras actuaciones asimismo gratas.

A tenor de estas reflexiones se es consciente de la **gran importancia que tienen las actuaciones o procederes en toda tarea educativa. Los programas educativos deben ir, por tanto, enfocados a que los conocimientos programados se asienten fundamentalmente a través de experiencias prácticas. El aprendizaje se fundamenta en la acción.**

## Comportamientos

Se considera necesario aportar otro aspecto en la tarea educativa que consiste en el comportamiento que los educadores han de tener a la hora de proceder en determinados encuentros con los educandos.

Así mismo se han de tener en cuenta las actitudes y las formas en que los educadores se comunican atendiendo, a su vez, a las características y las edades de los educandos, así como las situaciones en las que se desarrollan cada uno de los encuentros.

Existen cuatro tipos de actitudes básicas que los educadores suelen adoptar, en mayor o menor medida o con mayor o menor frecuencia, dependiendo de las situaciones de relación. La eficacia de dichas formas de proceder se puede medir por los efectos que causa en el sujeto con el cual se relacionan o al que pretenden atender.

Investigar una situación.

Cuando se desea que los menores informen de alguna situación que han vivido, los educadores necesitan investigarlo de una manera correcta, haciendo una serie de preguntas que, sin necesidad de hurgar de manera intimista, proporcionen la información que el educador desea obtener, utilizando preguntas abiertas que posibiliten exponer lo realmente sucedido sin intentos de anticipación ni juicio previo.

Una actitud indagadora en la investigación, por una curiosidad mal entendida, puede dar lugar a una desorientación inicial en el menor; éste puede no saber a qué viene tanta pregunta y adoptar una actitud pasiva en las respuestas, con el natural retraimiento, por resultarle amenazante ver al educador como un usurpador de su intimidad. Hay vivencias íntimas y personales que cuesta más comunicar y que solo salen a la luz cuando la persona se siente confiada.

Diagnosticar - Evaluar.

Antes de prejuzgar, se debe hacer una correcta valoración y diagnóstico de la información recogida. Se trata de evaluar los hechos y datos desde una actitud abierta y comprensiva.

Para diagnosticar una situación se ha de tener en cuenta la escala de valores en que se ubica el sujeto a evaluar. En el caso de los menores se ha de considerar su edad, sus circunstancias familiares, sus capacidades, su entorno social... valorando sus conductas en relación a sus vivencias con otros amigos, con los medios tecnológicos, con el ambiente cultural, etc. en que se desarrollan.

Al tener en cuenta tales circunstancias y valorarlos en sus actuaciones, los menores se sienten reconocidos e incrementan el nivel de comunicación con los padres y/o educadores, se encuentran seguros, capaces, tranquilos y con autoestima.

Los menores suelen mostrar resentimiento si se consideran descalificados en sus ideas. Se provocará desconfianza y posibles rebeliones ante las interpretaciones, a veces arbitrarias, de algunos educadores.

**El adecuado reconocimiento da lugar al sentimiento de valía.**

**Dar soluciones, resolver.**

Una vez observado y analizado lo que los menores aportan en sus comunicaciones es necesario, tras un análisis objetivo de la situación, proporcionar una adecuada orientación con el consecuente informe e indicación de pautas a seguir, para estimular y avanzar hacia su autonomía.

No es aconsejable precipitarse buscando soluciones de inmediatez pues al no saber resolver de forma adecuada pueden emitirse propuestas "para salir del paso" y evitar la incomodidad que pueda producirse en tal situación. Con esta actitud, aun sin pretenderlo, puede manifestarse una falta de confianza en la capacidad de los hijos/educandos para colaborar con ellos en la resolución de problemas. Se reforzaría una actitud de dependencia o pasividad ante los problemas, y en otras ocasiones, de irritación o rebeldía, al considerar que son tratados como niños no capaces de ayudar a resolver.

**Proteger, acoger, aceptar, apoyo, soporte parental.**

Además de saber preguntar, de saber evaluar y de aportar las mejores soluciones posibles para resolver determinadas situaciones, es necesario tener en cuenta que los menores se sientan aceptados y perciban el apoyo que supone sentirse soportados y protegidos por los adultos. Los educadores han de mostrar su cercanía y su "calidez" a la hora de relacionarse.

Este tipo de acogida es fiable cuando se realiza desde la calidad humana y el desarrollo en madurez de quienes la proporcionan, de ahí que solo puedan ofrecer este tipo de comunicación aquellos educadores que se sientan excedentes en los niveles de estructura de su personalidad. Se trata de personas que, a su vez, han sido tenidas en cuenta y aceptadas, por lo que en su comunicación afectiva no hay solicitud de respuesta, lo que en otro momento hemos denominado "no pasar factura" afectiva ni entregar afecto esperando respuesta a cambio.

Cuando los educadores no se encuentran en este nivel de satisfacción y protegen de forma paternalista a los menores, dicho proteccionismo da lugar a provocar que, en los menores excesivamente protegidos, se vaya configurando una personalidad débil y en los que se asienta el hábito de esperar que lo que tienen que hacer por ellos mismos lo hagan los adultos. Esta dará lugar a una situación de infantilismo y de anulación de su fortaleza personal. Este tipo de relación se produce con determinado tipo de adultos que esperan recibir de los menores a su cargo el afecto, la protección y el apoyo que no recibieron ellos.

Para aceptar adecuadamente hay que haber sido aceptado, para proteger, haber sido protegido, para acoger, haber sido acogido y para apoyar, haber sido apoyado. Si los educadores así lo recibieron, su comunicación es fiable.

**Consideraciones: Impulsar a vivir.**

Si todas las actitudes y los tipos de comunicación que venimos exponiendo son necesarios, consideramos que cumpliéndose todos ellos podrían ser el punto de partida para enfocar las actuaciones educativas, pues teniendo en cuenta lo anterior nos encontraríamos con la plataforma que impulsa a la vida.

Los educadores no solo han de ser comprensivos, buenos evaluadores y de cálida relación; además, han de ser personas que saben orientar y enfocar a los educandos hacia un destino importante que cumplir. Que asimismo sepan mostrarles el camino que los conduce a la realización progresiva de los sueños que se han ido despertando día a día y pongan los medios para conseguirlos.

Se trata de enfocar la vida desde un planteamiento positivo de éxito personal y social para lo cual los educadores han de acercar a los menores a cuantas personas sean de autoridad en las materias en las que se consideren personas de éxito y ser ellos asimismo referentes de vida; en definitiva esta actitud conlleva la fuerza del emprendimiento, la alegría de la consecución de una vida digna y donde los educandos se sientan merecedores de vivirla.

A modo de conclusión:

Cuando los educandos se comportan de forma indisciplinada por no hacer caso a los educadores, se ha de tener en cuenta:

- Utilizar la persistencia en relación a los educandos cuando:
  — Tratan de manipular.
  — Intentan disuadir.
  — Se oponen o niegan con fuerza a las indicaciones.
- Los educadores utilizaran la persistencia al:
  — Tener claro el objetivo que se propone.
  — Expresar de forma clara y directa los mensajes.
  — No ironizar, no agredir, no irritarse ni levantar la voz.
  — No justificarse si no se considera procedente.
  — Acabar siempre con la misma frase-mensaje referente al objetivo.
  — Ofrecer nuevas alternativas en las situaciones en que no se consigue el objetivo.

**Educar es impulsar a vivir**

## Habilidades sociales

Se dan situaciones en las que las relaciones no encuentran un cauce adecuado y por motivos de malentendidos o de otras causas no suficientemente claras, la incomprensión parece que se impone. En tales momentos es necesario recurrir a una serie de habilidades y capacidades personales que faciliten la superación de esos escollos relacionales.

Hay personas que consideran que la dificultad al relacionarse está en los otros, que por alguna razón no aceptan las buenas proposiciones o los conceptos acertados que se les ofrecen; este tipo de personas utilizan lo que se denominan estrategias de relación al considerar que tienen que utilizar recursos o argucias ante la incompetencia de los que escuchan.

En cambio otras personas consideran que cuando una relación se dificulta son ellos los que tienen que recurrir a sus propias habilidades sacando lo mejor de sí mismos para mejorar la comprensión de lo que intentan decir. En este caso se observa que la dificultad podría estar en el emisor y de ahí que la habilidad social sea un recurso sutil que invita a mejorar la exposición.

Relacionarnos con nuestro entorno implica comunicarnos con ellos, como ya hemos dicho no existe la no comunicación. Los educadores son los modelos de conducta de los educandos, la forma de relacionarse con sus compañeros y amigos va a depender en gran medida de cómo perciben las relaciones de los adultos hacia ellos y de los propios adultos entre sí.

En la tarea educativa los educadores han de ser personas que manejen con soltura lo que denominamos habilidades sociales y poder emitir con claridad y evidencia lo que intentan transmitir.

Aspectos a tener en cuenta en relación a las habilidades sociales:

- Si cada individuo siente y piensa de forma totalmente singular, pues los pensamientos están relacionados con las experiencias personales de cada sujeto y nadie ha vivido las mismas experiencias, es imposible que se entienda lo mismo. Pertenecen a un sentir exclusivo. Lo emitido no tiene que ver con la comprensión del receptor. De esta forma podemos entender el dicho popular de que "lo que usted opine de mí no es asunto mío".
- Lo que se comunica puede ser rechazable, pero nunca debe rechazarse a la persona que lo comunica. Asimismo se puede considerar ridículo lo que se escucha, pero nunca considerar ridícula a la persona que lo dice.
- Una buena comunicación debe partir de un lenguaje común y de abordar proyectos de interés recíproco para los intervinientes, lo que implica que las buenas relaciones incluyen siempre acuerdos previos de convivencia y enfoques parecidos en la consecución de objetivos comunes.
- Las habilidades sociales son herramientas o elementos que favorecen la comunicación que han de manejar los adultos y que han de transmitir a los menores.
- El ejercicio en habilidades sociales dará lugar a jóvenes que dominen con éxito relaciones adecuadas.

Partimos del hecho de que en toda comunicación existen los emisores, los receptores, los canales de comunicación y los mensajes que se comunican.

La potenciación de las habilidades sociales de cada educador requiere asimismo la elección de los elementos que faciliten su expresión:

**Elementos facilitadores del canal de comunicación:**

- Elegir lugar y momento adecuados.
- Evitar quejas.
- Buen estado emocional. Actitud positiva.
- Prestar atención a la comunicación no verbal.
- Presentar imagen atractiva (vestuario, higiene, etc.)
- Tener en cuenta a los diferentes interlocutores y sus opiniones.
- Escuchar de forma activa.
- Dejar hablar a término.
- Evitar sarcasmos, etiquetas y descalificaciones.
- Empatizar (transmitir al otro que es aceptado).
- Saber separar las conductas (pueden ser o no adecuadas) de las personas que las realizan.

**Elementos facilitadores de los mensajes:**

- Establecer objetivos de interés recíproco.
- Establecer acuerdos (aunque sean parciales).
- Declarar lo que se desea.
- Poder preguntar con espontaneidad.
- Poder decir lo que gusta o desagrada de los temas a tratar.
- Emitir los mensajes con claridad.
- Utilizar un lenguaje común, claro y preciso.

**Elementos facilitadores en relación al lenguaje:**

- Hablar con la velocidad adecuada.
- Usar un tono de voz intermedio y amable.

- Modular la voz.
- Emplear términos positivos en el discurso.
- Utilizar el buen humor.
- Evitar herir sentimientos.
- No utilizar términos cortantes ni bruscos.
- Evitar las "muletillas".
- Evitar las expresiones pedantes.

Esta serie de elementos que favorecen todo tipo de comunicación cobra importancia máxima cuando nos referimos a las comunicaciones que se establecen en las tareas educativas. **Los educadores han de manejar con soltura, no solo a nivel teórico sino viviencial, el mayor número de elementos que se han expuesto.**

Los educandos se merecen recibir de sus educadores la transmisión de tales elementos, pues han de forjar una personalidad que al llegar a adultos les permita relacionarse como sujetos adecuados en la comunicación.

## Configuración afectiva

El mundo afectivo del ser humano pertenece a uno de los niveles de estructura de su personalidad. Para muchas personas se ha considerado que este nivel afectivo, que da lugar a sentimientos y emociones, es el aliciente de vida, "la sal y pimienta de los aconteceres cotidianos".

Si no existieran relaciones entre las personas no podríamos hablar de mundo emocional y afectivo, pero hemos de tener en cuenta que al hablar de sentimientos nos estamos refiriendo a los aspectos más inestables en el mundo de la comunicación, pues nos encontramos con posibles momentos de alegría, seguidos a veces de momentos de tristeza...y donde el altibajo emocional hace que la estabilidad en las relaciones pueda sentirse alterada.

A veces se asocian estos cambios con un paisaje agreste de montañas y valles o de temperaturas de frío y calor... así es posible encontrar que una misma persona, en un espacio de tiempo no muy dilatado pueda sentir pena, entusiasmo, alegría, tristeza, rabia, complacencia, inquietud, calma y un largo etcétera.

El mundo emocional viene marcado por las vivencias experimentadas previamente; de ahí la máxima importancia de facilitar a los educandos (hijos, alumnos, etc.) vivencias gratificantes en todo lo referente a su mundo afectivo.

Todo proceder en la tarea educativa debería ir marcado por vivencias de tipo agradable y, en situaciones no gratas, por indicaciones de resolución inmediata del momento.

Estas reflexiones nos llevan a tener en cuenta la disposición con que los educadores han de afrontar las relaciones con los educandos. Los educadores, por tanto, como personas responsables de sus actos y referentes de vida, establecerán relaciones adecuadas y con procederes de buen trato que darán lugar al comportamiento jovial y respetuoso de los menores a su cargo.

Cuando los educadores, principalmente los padres pero también a su vez los docentes y otros educadores complementarios no han sido capaces de establecer las oportunas y adecuadas relaciones, dará lugar a unos desajustes afectivos que se extenderán desde la infancia y la adolescencia hasta la edad adulta.

## Causas y consecuencias en el desajuste afectivo

Al referirnos a desajustes afectivos es importante entender que tienen su origen en relaciones de infancia y dan lugar a determinados comportamientos anómalos o patologías.

Las figuras parentales son las personas en las que recae fundamentalmente la tarea de proporcionar a sus hijos Acogida y Orientación en los primeros años de vida.

Hay cuatro causas fundamentales que, de manera única o combinadas, están en la base de tales anomalías o desajustes afectivos: ausencia parental, abandono, rol cruzado y desclasamiento.

### Ausencia parental

Se considera ausencia parental cuando se trata de menores que al nacer se vieron privados de la presencia de sus padres, esencialmente de la madre, bien de forma definitiva o temporal (en los primeros años de vida). Las razones pudieron ser múltiples: muerte de los progenitores, ausencias forzadas por temas laborales o enfermedades e incluso por condenas judiciales que obligaron a los padres a permanecer en centros penitenciarios, lo que dará lugar a una serie de consecuencias que dificultarán sensiblemente las relaciones.

**Consecuencias:**

- Escaso o nulo establecimiento de vínculo afectivo.
- No recuerdan haber sido felices en sus años de primera infancia.

- Se relacionan desde lo útil o rentable sin establecer empatías.
- No les importa el sufrimiento ajeno.
- Son personas apáticas (puede haber tendencias psicopáticas).
- Tienen baja autoestima.
- Problemas con las figuras de autoridad.
- Para estas personas nada es suficiente, no hay sentimientos de vínculo.
- No se comprometen de forma habitual.
- Evitan problemas.
- Son personas a las que no les gusta que conozcan su intimidad.

## Abandono o dejación de funciones

Comporta una interrupción de la relación con las figuras parentales, aunque de manera especial concierne a la figura materna. Se entiende por tanto que el vínculo se había establecido previamente.

Se entiende asimismo la relación que mantuvieron algunos menores en circunstancias en que los padres, aun estando presentes, no fueron capaces de abordar la tarea educativa de manera adecuada o, en ocasiones, se vieron temporalmente obligados a delegar dicha tarea en otras personas: abuelos, otros familiares, niñeras, centros de acogida o familias de adopción.

### Consecuencias:

- Personas que tratan más con acuerdos que con sentimientos.

- Desconfían y piensan que tienen derecho a no fiarse de los demás.
- Siempre creen que tienen razón.
- Son justicieros. Tienen sentimientos de venganza y no perdonan fácilmente.
- No suelen pedir disculpas.
- Aparecen tendencias paranoicas. Tienen sentimientos de víctima.
- Tienen tendencias reiterativas y rumiaciones.
- Hay agresividad, resentimiento, aunque son personas con sentimientos.
- Tienen altibajos emocionales.
- Tendencia a la delincuencia.
- Extremadamente posesivos.
- Cualquier separación se vive como un drama. Dependencia afectiva.
- Someten constantemente a prueba las figuras de autoridad.
- Son exigentes con el cumplimiento, desconfían mucho de una persona que les ha fallado.
- Exigentes con los demás y consigo mismo.

Nota: La diferencia fundamental existente entre la ausencia parental y el abandono radica en que las personas que han experimentado la ausencia no han desarrollado vínculo afectivo y actúan en relaciones totalmente cerebrales, muy frías y sin implicación emocional. Sin embargo, las personas que han experimentado abandono, ante una dificultad relacional reaccionan con un impulso emocional fuerte, no ceden en su opinión y con reacciones agresivas a veces impetuosas.

## Rol cruzado

Toda persona debe incluir en sí características de acogida y de orientación. Hablamos de cruce de roles cuando la madre ejerce un papel orientador y de autoridad y el padre, en cambio, es más acogedor, más "materno".

Para entender el rol cruzado partimos de la creencia social de que un determinado tipo de características pertenecen al hombre (Yang) y que enumeramos anteriormente y otras características socialmente se le atribuyen a la mujer (Yin).

Cuando los menores han sido educados en tales creencias concebirán que esas características Yang o masculinas las debe tener exclusivamente su padre y que las características Yin o femeninas las debe tener exclusivamente su madre.

Recordemos:

- **Características masculinas**: orientación, firmeza, consecución de objetivos, riesgo, fuerza mental, etc.
- **Características femeninas**: acogida, hogar, organización, afecto, etc.

Cuando un niño varón encuentra las características masculinas con las cuales le invitan a identificarse en su figura materna y en su padre características femeninas experimentará una especie de desubicación o de malentendido, lo que le llevará a una posible confusión que posteriormente le puede repercutir en sus relaciones de adulto. Asimismo le sucederá a la niña que encuentra las características femeninas en la figura paterna.

Consecuencias:

- Personas que no aceptan fácilmente la autoridad.
- Autodidactas, tienes que demostrarles lo que dices y no avanzan si no es por evidencia estricta.
- No acaban lo que empiezan, no saturan procesos.
- Son escurridizos, personas evasivas, no se ubican en grupos de pertenencia.
- No aceptan el mundo de los adultos. El punto de confianza son las figuras de a la par.
- Indecisos, personas desconcertadas.
- No suelen establecer proyectos o cumplir los establecidos.
- Sociables y cariñosos, a menudo con estrategias de relación aunque tienen dificultad en el posicionamiento social (rebote con la sociedad).
- Las figuras masculinas son débiles cuando se da en hombres.
- Pueden ser candidatos a comportamientos adictivos, buscan la satisfacción inmediata.

## Desclasamiento

El desclasamiento se relaciona con lo que el mismo nombre indica: pertenecer a una clase social diferente (tanto a nivel económico, cultural, etc.) a la que perteneció su propia familia en el período de infancia. Sus padres vivieron en un contexto inferior al que ellos posteriormente han tenido acceso. Los padres facilitaron y se esforzaron para que sus hijos alcanzaran un status al que ellos no pudieron acceder, renunciando, a veces, a un confort para que sus hijos pudieran alcanzar un nivel cultural y social por encima de lo que ellos vivían.

**Consecuencias:**

- Personas aparentemente seguras pero inseguras en el fondo.
- Se sienten algo desubicadas y desconfiadas, no acaban de asentarse en el medio en el que viven.
- Personas emocionalmente reactivas.
- Amables, trabajadores sin límites, muy responsabilizadas desde la infancia.
- No reconocen otra autoridad que la suya propia, pero se sienten atraídos por esa figura.
- Nunca se consideran satisfechos. El reconocimiento no es suficiente y se mueven en función de dar la talla.
- Autodidactas, se han hecho a sí mismo y tienen dificultad para pedir ayuda.
- Afectivamente no son fiables. La autoridad no la unen al sentimiento, no tienen el principio de autoridad bien definido.
- No saben decir que no, siempre cumplen.
- Abarcan más de lo que pueden.
- Son exigentes con los demás.
- No les importa el sacrificio, son disciplinadas y acostumbradas a esforzarse para mejorar.
- Son personas escurridizas.
- Aparentemente tienen mano izquierda, se ganan a los demás.
- Hacen lo que quieren, pactan con facilidad.

## Estilos de relación: inhibida, agresiva y asertiva

Intentar acotar todos los aspectos que tienen que ver con el mundo de las relaciones es francamente difícil. Sin embargo es deseable tener en cuenta otro de los contenidos inherentes a las interacciones entre las personas.

En este caso se trata de hacer referencia a cómo pueden realizarse determinados encuentros, bien porque queremos acercarnos a algo que deseamos o bien porque queremos evitar algo que no nos es grato.

A las relaciones que intentan acercarse a lo que se desea se denominan **conductas aproximativas** y a las que buscan retirarse de algo no grato, **conductas evitativas**.

Hay que tener en cuenta que en muchas ocasiones, en las relaciones personales, los deseos de aproximación o de evitación no son recíprocos por ambas partes, dando lugar a un desacuerdo en cuanto al tipo de relación a establecer.

Este estilo de relaciones viene, a su vez, condicionado por el tipo de temperamento y carácter de las personas que intervienen en la relación.

Las características a las que nos referimos tienen que ver, por una parte, con el perfil de personas inhibidas, que tienden a distanciarse de las situaciones que pudieran resultar difíciles, frente a personas que denominamos agresivas o invasivas que, ante situaciones que resultan problemáticas, intentan resolverlas insistiendo a pesar de la dificultad sin intención de retirarse.

Junto a estos dos tipos de perfiles surge el llamado asertivo o de equilibrio, que se da en aquellas personas que, ante una situación conflictiva o con algún tipo de dificultad, tienden a considerar hasta qué punto es pertinente no retirarse a pesar de la dificultad o distanciarse cuando se considera que no se mejora la situación por mucho que se insista.

Hemos tenido en cuenta estas consideraciones sobre las tendencias de tipo inhibitorio o de tipo invasivo por considerar que los educadores, sea cual fuere su tendencia, de insistir o de retirarse en determinadas circunstancias, han de procurar persistir en un comportamiento equilibrado que se impone como consecuencia de una madurez personal y un discernimiento propio de cualquier persona que procura mantener las relaciones en los contextos más convenientes.

A este tipo de intervención de los educadores con los educandos e, incluso de los educadores entre sí, es al que denominamos comportamiento o estilo de relación asertiva, teniendo en cuenta que a los educandos habría que transmitirles este tipo de relación a través de las experiencias observadas en los intervinientes en la tarea educativa, es decir, entre los docentes con los padres, entre los padres entre sí... en definitiva con los adultos que configuran la comunidad educativa.

Asimismo los educadores, intervengan en el campo de la educación que intervengan, han de tener en cuenta las características inhibitorias o invasivas que puedan darse en sus educandos.

**Posibles características de menores con tendencia inhibida/evasiva:**

- No saben hacer respetar sus derechos cuando otros intentan dominarles, dando lugar a que su comportamiento vaya en función de agradar y satisfacer a otros para ganarse su afecto.
- Suelen tener tendencia a sentirse víctimas, mostrándose frustrados, ansiosos y retraídos.
- Sus conductas se caracterizan por:
  — **Respuestas no verbales:** mirada hacia abajo, gestos desvalidos, vacilaciones, risa nerviosa, postura hundida, etc.
  — **Respuestas verbales:** tono de voz bajo, términos como "supongo", "es posible", "no estoy seguro", etc.

**Posibles características de menores con tendencia insistente/invasiva:**

- Tienden a no respetar los derechos de los demás.
- Intentan conseguir sus objetivos a expensas de otros.
- Se defienden atacando.
- Sus conductas se caracterizan por:
  — **Respuestas no verbales:** mirada fija, gestos prepotentes, posturas arrogantes, etc.
  — **Respuestas verbales:** tono de voz alto, lenguaje fluido, términos como "ten cuidado", "te lo advierto", "lo que debes hacer es..." etc.

**Posibles características de menores con tendencia asertiva/equilibrada:**

Un comportamiento de tipo asertivo o equilibrado de los educadores con los educandos y entre los propios educadores, dará lugar en los educandos a su vez, a un comportamiento de tipo asertivo con las siguientes características:

- Se hacen respetar y respetan asimismo los derechos de los demás.
- Se sienten bien consigo mismos, con confianza, y capacidad de elección.
- Sus conductas se caracterizan por:
  — **Respuestas no verbales:** mirada directa a los ojos, gestos firmes, postura erguida y relajada, etc.
  — **Respuestas verbales**: tono de voz conversacional, mensajes en primera persona, verbalizaciones positivas, respuestas directas, términos tales como "quiero", "pienso que...", "considero que...", etc.

Nota: plantearse de forma habitual el comportamiento asertivo facilitará, sin duda:

- Resolver mejor las dificultades.
- Experimentar relaciones agradables.
- Experimentar satisfacción en los encuentros.
- Experimentar control personal y relajación.
- Posibilitar nuevas oportunidades

Reseña: cuando los menores no se comportan de la manera que los educadores consideran correcta o adecuada hay que tener en cuenta que, en la mayoría de las ocasiones, podrá ser debido a que los adultos que han convivido anteriormente con ellos no les dieron el trato adecuado o en las condiciones pertinentes. Asimismo hemos de tener en cuenta que los menores, al no ser responsables de sus actos, requieren de sus educadores una aportación continua y dosificada de los nutrientes que necesitan en cada momento; de ahí que un comportamiento desajustado será siempre responsabilidad de los adultos que conviven con ellos y que, irremediablemente, las consecuencias de esa no adecuación la sufran los educandos.

La solución a los comportamientos no correctos tiene que ver fundamentalmente con el comportamiento adecuado de los educadores (padres, docentes, cuidadores...) y de los procederes de lo que en su momento denominamos **buen trato**.

## Los miedos

Cuando los menores se han resistido a obedecer a las indicaciones de los educadores, éstos han recurrido en muchas ocasiones a sugerencias de represión para que, provocando temor, esos menores reticentes se avinieran a las indicaciones y acabaran haciendo lo que se les indicaba.

Esta forma de proceder es lo que se entendía como "educar a través del miedo", aun a sabiendas en muchos casos de que esta forma de intervención no era la más adecuada y que se recurría a ella cuando los educadores no tenían claro las indicaciones adecuadas o el objetivo a cumplir. Es fácil recordar ejemplos tales como: "si no haces esto va a venir el Coco, el tío del saco...", "si no te portas bien no te van a querer", etc. y muchas frases hechas que se han utilizado como la forma de resolver determinados conflictos en la relación con los menores.

Se han utilizado, por tanto, los miedos como alternativa malentendida para educar, pues los miedos paralizan, anulan o inquietan pero no resuelven.

Si la función de los miedos es, fundamentalmente, la de actuar como paralizantes se sobreentiende que son una de las causas principales que impide alcanzar objetivos. El miedo, por tanto, impide unas relaciones adecuadas e, incluso, el progreso y el cambio.

Los miedos no son congénitos, de ahí que en los primeros instantes de la infancia, todo menor es arriesgado, atrevido, osado... pues su inocencia y la ausencia de vivencias previas amenazantes no le hacen concebir ningún tipo de miedo.

Los miedos pertenecen a conceptos mentales erróneos y transmitidos de padres a hijos y, en general, por el contexto social.

En la tarea educativa nos planteamos por tanto que si nos encontramos con educandos que traen incorporados esos miedos adheridos, se supone que otro tipo de actuaciones podrían eliminar lo que de alguna manera, y de forma errónea, se instaló en sus vidas. Se trata de hacer entender a los menores que los miedos no forman parte de su estructura personal, es decir, no les pertenecen y que así como vinieron hay que aprender a retirarlos.

La forma de proceder a través de amenazas y de sugerencias de un posible peligro ha dado lugar a gran cantidad de situaciones en las que el miedo ha estado presente. De ahí que se pueda hablar de que existen muchos tipos de miedo. En esta ocasión se van a agrupar en varios bloques, recogiendo los que pertenecen como si dijéramos a una "misma familia" por incluir aspectos parecidos:

### Miedo al fracaso y/o al éxito

El **miedo al fracaso** se experimenta cuando alguien pretende alcanzar un alto resultado y teme no poder conseguirlo o desea que otros lo consideren con capacidad de resolver importantes objetivos y asimismo teme no poder alcanzarlos; es decir, cuando se pretende "dar la talla" con arreglo a las propias expectativas o a las expectativas de otros. Existe la creencia de que no se va a poder conseguir lo que se desea.

La persona que es consciente de sus capacidades reales y actúa de acuerdo con ellas no puede fracasar nunca. A lo sumo puede comprobar que, en determinado campo, cuando sus resultados han sido más bajos de lo que cabría esperar, esto puede ser debido a determinadas circunstancias o a no haber aprovechado sus capacidades al máximo. Entendido así no se vive como fracaso.

El **miedo al éxito** está muy relacionado con el miedo al fracaso. Si alguien se paraliza por miedo al éxito es porque su autoestima está por debajo de la que considera que necesita para situarse en la circunstancia de éxito. Se da un proceso mental que dice: "Como no soy capaz de desenvolverme en esto, no me interesa". En el fondo del temor al éxito está el temor a fracasar.

Si el éxito es el desarrollo progresivo y adecuado de las capacidades, cuando tales capacidades se desarrollan al máximo, el éxito es una consecuencia natural irremediable. No tiene sentido tener miedo.

En ambos supuestos el miedo sería entendido como una no-aceptación y/o ignorancia del propio nivel de capacidad personal; es una valoración errónea de uno mismo. Está en relación con un planteamiento no adecuado de metas.

Por tanto, **el miedo al fracaso y el miedo al éxito desaparecen siendo consciente de las propias capacidades, fijando metas acordes a las mismas y utilizando el propio potencial al máximo.**

### Miedo al rechazo y/o al abandono.

Es debido a procesos mentales erróneos que se derivan del empeño en ser aceptados por alguien determinado sin tener la certeza de que aquel tenga la capacidad de aceptar o acoger.

Es razonable entender que si se pide aceptación a personas adecuadas, es muy probable que no rechacen si efectivamente tienen capacidad de acogida.

El **miedo al rechazo** se debe fundamentalmente a la creencia de que no se posee la calidad suficiente para ser aceptados por otros, no teniendo en cuenta que sea el otro el que no tiene esa capacidad de aceptar.

El **miedo al abandono** está muy relacionado con el miedo al rechazo. El temor a ser abandonados supone el no sentirse lo suficientemente válidos como para mantener cerca a quienes se quiere o admira.

En ambos tipos de miedo aparece un bajo nivel de autoestima y el no saber acercarse a personas de reconocida valía.

Hay que desechar el empeño de que nos quiera alguien determinado, pues **el miedo al rechazo y al abandono desaparecen situándose en un medio rico y capaz y entrando en relación con personas de un alto desarrollo personal, dando lugar a una mayor autoestima.**

### Miedo a la pérdida.

Este miedo está relacionado asimismo con el miedo al rechazo y al abandono, pues aunque tiene matices diferenciadores tienen en común el hecho de que quienes lo experimentan consideran que tales situaciones suceden por la propia incapacidad de quienes lo sienten. El **miedo a la pérdida** supone el temor a que desaparezcan de la vida objetos, situaciones e, incluso, personas con las cuales se encuentran confortables.

El miedo a la pérdida tiene que ver de alguna forma con el apego hacia los objetos o las personas que se desean retener, no teniendo en cuenta que cuando se quiere retener a alguien insistiendo más allá del deseo de permanencia de los demás lo que provoca en las otras personas es un deseo de retirada ante la presión que experimentan al sentirse retenidos. El temor a la pérdida ata al objeto de deseo e impide disfrutarlo en paz.

Cuando las personas cubren sus necesidades de forma natural y en abundancia y pueden recurrir a diferentes fuentes para obtener los nutrientes necesarios, no experimentan temor cuando alguna de estas fuentes desaparece, pues sus necesidades las cubren recurriendo a otras situaciones, con otras personas y en otros momentos.

Enfocarse en cada encuentro y vivirlo con intensidad evitará, no solo el miedo a la pérdida, sino la pérdida misma. El individuo nutrido disfruta de las cosas y las personas sin temor a perderlas, las goza mientras están y si desaparecen está abierto a nuevas experiencias.

### Miedo a la muerte.

El **miedo a la muerte** lo experimentan aquellas personas que, al hacerse conscientes de que su propia existencia tiene un final, consideran que "eso no estaba previsto" y les resulta una mala jugada del destino. No se trata como en el miedo a la pérdida de desprenderse de objetos o de otras personas, sino de desprenderse de la propia vida.

Al imaginar que no va a existir lo que cada día considera que le pertenece no se hacen a la idea de que esto sea posible y hay un empeño encubierto de querer evitarlo y no conseguirlo.

Es un miedo muy común; sin embargo la muerte es una consecuencia natural de la vida; son dos polos de un mismo continuo. Si se vive la vida intensamente, no hay razón para temer la muerte, esta sería simplemente un paso más.

El miedo a la muerte supone que no se está viviendo la vida con plenitud. Quien tiene miedo a vivir tiene miedo a la muerte.

**La solución para evitar el miedo a morir es lanzarse a vivir, adelantar los sueños de tal manera que nunca**

nos sorprenda la muerte con algo que quisimos hacer y por pereza o temor no hicimos. Vivir intensamente cada presente inmuniza contra el miedo a la muerte.

## Miedo a lo desconocido.

El **miedo a lo desconocido** puede relacionarse con todos los tipos de miedos que venimos enumerando porque, en definitiva, supone que hay un temor a qué va a suceder en cualquiera de los aspectos anteriormente citados sin ser consciente de que todo lo que va a acontecer no puede manejarse ni fijarse con certeza, pues pertenece al mundo de lo futurible y, por tanto, no hay dominio sobre ello.

Es el más absurdo de todos los miedos. ¿Qué nos hace suponer que lo que no conocemos debe ser necesariamente malo?

El ser humano está dotado de capacidad creativa para reaccionar de forma no estereotipada ante situaciones nuevas. Si somos conscientes de esta capacidad y sabemos que ninguna situación es exactamente igual a otra, la vida es una sucesión de situaciones desconocidas, que pasan a ser presentes, que resolveremos con éxito, porque estamos dotados para ello.

**La aceptación de las capacidades, la desinhibición, y la vivencia del presente evitarán el miedo a lo desconocido.**

Reflexiones: En relación a lo que supone la instalación de los miedos en los educandos tomamos conciencia de la gran importancia que tiene el que los educadores, siendo conscientes de la influencia negativa de tales miedos, se enfoquen en una educación que no solamente los minimice sino que los retire del pensamiento y de la vida de los educandos.

La propuesta educativa ha de basarse en un día a día inundado de contenidos y de momentos donde el cuerpo, la mente y el mundo afectivo sean vividos con tal intensidad que puedan dar lugar a experiencias dignas de ser repetidas y que, de alguna manera, anulen o palien las experiencias que se vivieron como no gratas y que dieron lugar a los miedos. Lo vivido anteriormente no se puede evitar, pero sí puede perder fuerza en los casos de vivencias negativas apostando por otro tipo de enfoque y en dirección siempre al futuro desde presentes gratos vividos con intensidad.

Nuestra propuesta educativa es una enseñanza de vida intensa para que el alumno, cuando llegue a coger las riendas de su vida, sepa asimismo llenar cada momento de su existencia de la forma más agradable. Se trata en definitiva de facilitar claves de vida que inviten a desarrollar sueños y los medios para conseguirlos.

# Capítulo V
# En qué contexto se educa

## Comunidad educativa

La **comunidad educativa** ha sido entendida de diferentes formas en relación al contexto en el que se ha intentado definir:

- Por una parte, ha sido entendida como un **entorno escolar** en el que había que aprender unas serie de normas y principios provenientes de todo el equipo de profesionales que lo conforman; profesores, monitores de actividades, profesionales de la nutrición, de la limpieza, etc.

- En otros casos se ha entendido que la comunidad educativa la componían casi exclusivamente las **estructuras familiares**, no solamente los padres sino también abuelos, tíos y otros amigos adultos de la familia.

- Hay una tercera forma en la que en el concepto de comunidad educativa se incluyen las **estructuras socioculturales** en que se desenvuelven las familias de los educandos, tales como ideologías políticas, religiosas, modas, localizaciones geográficas, etc.

Desde la antigüedad se ha sabido que esos diferentes estamentos (familia, centros escolares y contexto social) han sido imprescindibles y condicionantes en la tarea educativa. En la época de la escuela griega, la relación maestro-discípulo era muy estrecha, los maestros contaban con un número muy limitado de alumnos y los discípulos consideraban a sus maestros como un guía al que acompañaban de forma continua. Posteriormente, y por razones de economía de recursos, a cada profesor se le ha asignado un número a veces exagerado de alumnos y donde los profesores dejaron de ser esas figuras de referencia de vida convirtiéndose casi exclusivamente en unos transmisores de conocimientos teóricos.

A estas alturas de la historia de nuestras sociedades es evidente que a la hora de hacer cualquier comentario sobre qué significa una comunidad educativa hemos de recurrir irremediablemente a los elementos que anteriormente hemos dicho: familias, centros escolares y sociedad. Y a la hora de plantearnos la incidencia o la repercusión de cada uno de estos estamentos que participan en la tarea educativa se ha de tener en cuenta cuáles son los nutrientes más importantes que suministrarían cada uno de ellos al desarrollo integral de los menores a educar.

Las funciones tanto de la familia, del entorno escolar como de la sociedad no pueden delimitarse de una manera exclusiva, pues todas aportan ingredientes que intervienen en el aspecto físico, intelectual, afectivo y espiritual de los educandos, aunque en cada una de ellas al parecer se imponen algunas funciones específicas que cobran mayor fuerza.

La **familia** aporta fundamentalmente elementos que tienen que ver con todo un mundo afectivo y con una carga importante en el terreno de las ideologías. En la familia también se adhieren formatos de convivencia en función de las economías, los lugares donde habitan, los grupos en los que se relacionan... dando lugar a unos hábitos y unas formas de entender las relaciones que se instalan en los individuos como semillas que germinarán con fuerza y que son muy difíciles de cambiar aunque algunas de ellas sean incorrectas.

Los **contextos escolares** por su parte, van a aportar fundamentalmente, aunque no con exclusividad, una serie de conocimientos teórico-prácticos que irán dando lugar a una apertura de miras en relación a cómo deben ir entendiéndose las experiencias vitales. La escuela principalmente atiende a la estructura mental de los alumnos. La importancia de los programas educativos, a través de sus planteamientos curriculares, es imprescindible para que los alumnos puedan comprender que la vida va más allá del entorno inmediato que les rodea, que la sociedad es más amplia que el contexto familiar de su entorno, que el futuro ha de ser vivido con la emoción de conseguir algo grande tan intenso y tan amplio como la grandeza que se alberga en ellos. La escuela, junto a la familia son un medio imprescindible para impulsar a sus menores a que sueñen en grande y, asimismo, han de ser los facilitadores para que consigan a través de los medios a su alcance la realización de esos sueños.

A estos dos grandes estamentos hay que incorporar las **estructuras sociales** donde los menores van a complementar los conocimientos y vivencias adquiridos, de ahí la importancia que cobran sobremanera las organizaciones sociales que se encontrarán estos menores a la hora de llevar a la práctica lo que van aprendiendo. En este caso hay que referirse a regímenes políticos, ideologías religiosas, fuerzas de seguridad, programas sanitarios, urbanización de las ciudades y un largo etcétera de estamentos e instituciones que en la mayoría de los casos han olvidado que las figuras fundamentales del desarrollo de una sociedad son sus menores.

Entender la tarea educativa desde una perspectiva inclusiva (familia, centro escolar y sociedad) es una forma de considerar la educación como el compromiso de cualquier adulto que forma parte de nuestra sociedad. Muchos autores vienen desarrollando este planteamiento, dando lugar a diferentes enfoques coincidentes todos en la importancia que tiene la sociedad del futuro en la máxima atención a sus menores.

Un ejemplo que viene a corroborar este planteamiento de atención a los menores lo encontramos en Francesco Tonucci y su concepto de **ciudad educadora**. Para este autor las ciudades y sus instituciones deberían estar enfocadas fundamentalmente en favorecer a sus habitantes menores su proceso madurativo, donde puedan desarrollarse con seguridad y confianza en un mundo de adultos que se mueve a disposición de ellos. En ese estilo de ciudad las calles volverían a ser adecuadas para el recreo de los menores, las fuerzas de seguridad actuarían como sus cuidadores, los establecimientos públicos lugares donde los menores podrían recurrir para satisfacer cualquier necesidad en ausencia de sus padres o tutores... en definitiva, una ciudad al servicio de los menores que la habitan.

En esta línea integradora, desde los años 60 se han venido implantando programas que han evidenciado la utilidad de una educación en la que participen las familias y el entorno social, tales como el *School Developmet Program* de la Universidad de Yale, el *Success for All* de la Universidad Johns Hopkins de Baltimore y el *Accelerated Schools Plus* de la Universidad de Stanford. Estos programas han ido ampliando el concepto de comunidad educativa dando lugar a las *Comunidades de Aprendizaje*, donde se incluye la comunidad local, el territorio urbano o rural, que involucra a adultos, familias, instituciones, organizaciones públicas y privadas. La comunidad se organiza para identificar, activar y coordinar los diversos espacios y recursos de aprendizaje existentes en dicha comunidad, cualquiera que estos sean: guardería, escuela, colegio, universidad, taller artesanal, biblioteca, parque, plaza, mercado, centro de salud, museo, cancha deportiva, espacio de música, cine, teatro, radio o periódico local, zoológico, tienda, cibercafé, ayuntamiento, policía, club juvenil, asociaciones de mujeres, etc.

En la línea de estas Comunidades de Aprendizaje, Ramón Flecha y sus colaboradores evidencian, en el marco de investigación del proyecto *Includ-ed* y en la línea de los programas anteriormente citados, que la participación y formación de familiares son actuaciones educativas que demuestran éxito curricular, de convivencia y sentimental en cualquier contexto y con cualquier tipo de alumnado.

Consideramos que los centros educativos deberían ser los lugares de coordinación de los diferentes estamentos que conforman la comunidad educativa. Esta forma de entender las funciones de un centro educativo dará lugar a un colectivo de profesionales expertos en las diferentes materias que configuran la educación y que serían los encargados de poner en contacto a los organismos locales, dando lugar a la inclusión que se ha venido señalando.

La escuela no solamente haría función de coordinación, sino que se entendería a su vez como el instrumento o medio de asesoría para los adultos que intervienen en la educación de los menores que residen en tales centros. Dicha asesoría se llevaría a cabo a través de cursos, jornadas, encuentros informativos… sobre la importancia de la coordinación y cohesión entre los diferentes estamentos.

Otra función de la escuela consistirá en poner en contacto y ofrecer pautas orientativas a los profesionales de los organismos que intervienen en el desarrollo de los menores. Nos referimos a profesionales de las fuerzas de seguridad, centros sanitarios, servicios sociales municipales, etc. dando a conocer un lenguaje común en relación al **buen trato**. De esta forma se atenderán las necesidades socio-familiares de los menores desde una perspectiva integral (requiere un conocimiento exhaustivo de su situación sociopsicopedagógica).

Se considera asimismo de interés que las instalaciones escolares sirvan para fomentar la participación del entorno social en la vida del centro, a través de talleres para adultos o actividades socioculturales.

La tarea educativa ha de ir más allá de los calendarios escolares prefijados, facilitando las relaciones en los espacios de convivencia, a través de espacios y tiempos vacacionales (verano, semana santa, navidad), encuentros específicos en fechas concretas, viajes familiares conociendo otras culturas y regiones; en definitiva facilitar la extensión del tiempo de aprendizaje.

> **⬇ INFORMACIÓN ADICIONAL**
>
> Por la compra de este libro, descárgate de forma gratuita: *Magnet Prácticas educativas de éxito*, donde podrás aprender más sobre esta materia y sobre plannings de actividades extraescolares.
>
> http://elartedeeducar.guiaburros.com/contenidoadicional

## ¿Qué dicen los padres?

En un estudio cualitativo realizado se llevaron a cabo grupos de discusión con familias acerca de las características y condiciones que deberían tener los centros escolares para sus hijos.

Algunas de las ideas recogidas en estos grupos fueron:

- Estar situado en un entorno natural, libre de ruidos, polución, etc.
- Contar con un jardín botánico, huerto-granja de modo que los niños conozcan plantas y animales.
- Disponer de espacios que permitan disfrutar de actividades al aire libre en condiciones meteorológicas diversas.

- Facilitar que los niños participen en las tareas de mantenimiento y cuidado de las instalaciones con los adultos responsables de estas tareas.
- Practicar técnicas de distensión y relajación tales como yoga, meditación, etc.
- Fomentar experiencias vivenciales directas en relación a las artes en el propio centro escolar: escuchar música interpretada en directo, poder observar a un pintor o escultor en el proceso de creación de una obra, representaciones teatrales...
- Cooperación de los padres y otros familiares en las actividades del centro que facilite un lenguaje común familia-escuela.
- Incorporar actividades de carácter multicultural: talleres culinarios, danzas, música...
- Equilibrar las actividades de concentración (que requieren un mayor esfuerzo intelectual) con las actividades de expansión (de carácter más motórico y lúdico), así como las habilidades artísticas (que fomentan la creatividad).
- Coordinación del centro con otras instituciones del entorno.
- Implicación del profesorado y demás profesionales del centro en su propio desarrollo humano.
- Facilitar a los alumnos habilidades sociales que posibiliten unas adecuadas relaciones interpersonales, respetando la individualidad y potenciando el colectivo.

- Atender al desarrollo de la inteligencia emocional de los educandos.

- Enseñar técnicas de planificación y establecimiento de metas indicando los pasos necesarios para conseguirlas.

# Nuestras colecciones

Guías para todos aquellos que deseen ampliar sus conocimientos sobre asuntos específicos, grandes personajes, épocas, culturas, religiones, etc., ofreciendo al lector una amplia y rica visión de cada una de las temáticas, accesibles a todos los lectores.

Guías para gestionar con éxito un negocio, vender un producto, servicio o causa o emprender. Pautas para dirigir un equipo de trabajo, crear una campaña de marketing o ejercer un estilo adecuado de liderazgo, etc.

Guías para optimizar la tecnología, aprender a escribir un blog de calidad, sacarle el máximo partido a tu móvil. Orientaciones para un buen posicionamiento SEO, para cautivar desde Facebook, Twitter, Instagram, etc.

Guías para crecer. Cómo crear un blog de calidad, conseguir un ascenso o desarrollar tus habilidades de comunicación. Herramientas para mantenerte motivado, enseñarte a decir NO o descubrirte las claves del éxito, etc.

Guías prácticas dirigidas a la salud y el bienestar. Cómo gestionar mejor tu tiempo, aprenderás a desconectar o adelgazar comiendo en la oficina. Estrategias para mantenerte joven, ofrecer tu mejor imagen y preservar tu salud física y mental, etc.

Guías prácticas para la vida doméstica. Consejos para evitar el cyberbulling, crear un huerto urbano o gestionar tus emociones. Orientaciones para decorar reciclando, cocinar para eventos o mantener entretenido a tu hijo, etc.

Guías prácticas dirigidas a todas aquellas actividades que no son trabajo ni tareas domésticas esenciales. Juegos, viajes, en definitiva, hobbies que nos hacen disfrutar de nuestro tiempo libre.

Guías para aprender o perfeccionar nuestra técnica en deportes o actividades físicas escritas por los mejores profesionales de la forma más instructiva y sencilla posible,

www.ingramcontent.com/pod-product-compliance
Lightning Source LLC
Chambersburg PA
CBHW022006100426
42738CB00041B/698